D1578954

patates

Styliste : Penny Markham

Données de catalogage avant publication (Canada)

Gayler, Paul
    Patates

    (Tout un plat!)
    Traduction de : A Passion for potatoes

    1. Cuisine (Pommes de terre).   2. Cuisine (Patates douces).
I. Titre.

TX803.P8G3914   2002   641.6'521   C2002-941681-7

Pour en savoir davantage sur nos publications,
visitez notre site: www.edhomme.com
Autres sites à visiter: www.edjour.com • www.edtypo.com
www.edvlb.com • www.edhexagone.com • www.edutilis.com

© 2001, Paul Gayler pour le texte original
© 2001, Gus Filgate pour les photos

© 2002, Les Éditions de l'Homme,
une division du groupe Sogides,
pour la traduction française

L'ouvrage original a été publié
par Kyle Cathie Limited
sous le titre *A Passion for Potatoes*

Tous droits réservés

Dépôt légal: 4e trimestre 2002
Bibliothèque nationale du Québec

ISBN 2-7619-1751-0

DISTRIBUTEURS EXCLUSIFS :

• Pour le Canada
  et les États-Unis :
  MESSAGERIES ADP*
  955, rue Amherst
  Montréal, Québec
  H2L 3K4
  Tél. : (514) 523-1182
  Télécopieur : (514) 939-0406
  * Filiale de Sogides ltée

• Pour la France et les autres pays :
  VIVENDI UNIVERSAL PUBLISHING SERVICES
  Immeuble Paryseine, 3, Allée de la Seine
  94854 Ivry Cedex
  Tél. : 01 49 59 11 89/91
  Télécopieur : 01 49 59 11 96
  Commandes : Tél. : 02 38 32 71 00
                  Télécopieur : 02 38 32 71 28

• Pour la Suisse :
  VIVENDI UNIVERSAL PUBLISHING SERVICES SUISSE
  Case postale 69 - 1701 Fribourg - Suisse
  Tél. : (41-26) 460-80-60
  Télécopieur : (41-26) 460-80-68
  Internet : www.havas.ch
  Email : office@havas.ch
  DISTRIBUTION : OLF SA
  Z.I. 3, Corminbœuf
  Case postale 1061
  CH-1701 FRIBOURG
  Commandes : Tél. : (41-26) 467-53-33
                  Télécopieur : (41-26) 467-54-66
                  Email : commandes@ofl.ch

• Pour la Belgique et le Luxembourg :
  VIVENDI UNIVERSAL PUBLISHING SERVICES BENELUX
  Boulevard de l'Europe 117
  B-1301 Wavre
  Tél. : (010) 42-03-20
  Télécopieur : (010) 41-20-24
  http://www.vups.be
  Email : info@vups.be

Gouvernement du Québec – Programme de crédit d'impôt pour l'édition de livres – Gestion SODEC.

L'Éditeur bénéficie du soutien de la Société de développement des entreprises culturelles du Québec pour son programme d'édition.

Nous reconnaissons l'aide financière du gouvernement du Canada par l'entremise du Programme d'aide au développement de l'industrie de l'édition (PADIÉ) pour nos activités d'édition.

tout un plat !

patates

Textes et recettes de Paul Gayler
Photos de Gus Filgate
Traduit de l'anglais par Odette Lord

LES ÉDITIONS DE L'HOMME

Introduction

Connaissez-vous un autre légume qui évoque autant de belles choses que la pomme de terre? Moi, elle fait partie de mes souvenirs d'enfance. Ah, les pommes de terre rôties du petit-déjeuner, les pommes de terre au four des jours de congé chez ma grand-mère et les frites achetées au coin de la rue! À cette époque, ma recette préférée était la purée de pommes de terre bien crémeuse avec laquelle ma mère accompagnait le poulet. J'avoue que j'aime encore cette purée, mais mes goûts se sont développés.

Quand j'étais enfant, il était difficile d'imaginer un repas sans pommes de terre. Depuis, nous avons adopté les pâtes et le riz et nous ne nous attendons plus à voir des pommes de terre dans notre assiette tous les jours. Mais elles demeurent l'un des légumes les plus populaires, et ce n'est pas surprenant. Les pommes de terre sont étonnamment polyvalentes et elles se prêtent à presque toutes les méthodes de cuisson – elles peuvent être cuites au four, cuites à la vapeur, bouillies, rôties et frites. On peut aussi les utiliser dans les pains, les tartes, les galettes et les puddings. Et il est bon de constater le regain d'intérêt pour les variétés de pommes de terre traditionnelles en plus d'assister à la naissance de nouvelles variétés. Finis les jours où l'on se faisait demander au marché «Des rouges ou des blanches, aujourd'hui?» On peut maintenant faire son choix, selon l'endroit où l'on habite, parmi une gamme de produits incluant les traditionnelles Russet, les Norland rouges, les Yukon Gold à chair jaune et même des pommes de terre à chair bleue ou d'autres à chair noire. Comme toutes les bonnes choses, les pommes de terre peuvent être réinventées à l'infini sans perdre leur caractère propre. Les modes en alimentation vont et viennent, mais je crois que la bonne vieille patate ne se démodera jamais.

UNE PETITE HISTOIRE QUI EN DIT LONG

Il est à peu près impossible d'imaginer la vie sans pommes de terre (pensez-y bien, pas de purée, pas de chips...), mais en fait, ce légume est presque un nouveau venu en Europe et en Amérique du Nord. Il est devenu l'un de nos aliments de base, mais un peu plus et on ne l'aurait jamais connu.

Les premières pommes de terre ont été cultivées au Pérou et cela remonte à au moins 200 ans av. J.-C., mais ce n'est pas avant le début du XVIe siècle que les conquistadors espagnols les ramenèrent en Europe où on les considérait, avec les tomates et les aubergines, comme l'œuvre du diable. On les croyait également toxiques, ce qui n'est pas surprenant quand on songe qu'elles appartiennent à la même famille que la belladone.

En 1589, sir Walter Raleigh introduisit la pomme de terre en Irlande. Il a ensemencé une terre de 40 000 acres, que lui avait donnée la reine Élisabeth Ire, près de Cork. Mais il n'aimait pas cultiver les pommes de terre. Il finit donc par donner l'ordre de les arracher. Elles n'étaient pas plus populaires en France jusqu'au moment où Antoine Parmentier a convaincu Louis XVI qu'elles pouvaient mettre fin à la famine. Parmentier organisa à la cour des banquets où l'on offrait des pommes de terre à chaque service et il a même convaincu Marie Antoinette de porter des fleurs de pommes de terre dans ses cheveux et de les faire broder sur ses robes de bal, s'assurant ainsi qu'elles deviennent populaires. Entre-temps, en Prusse, Frédéric II le Grand a reconnu le potentiel de la pomme de terre comme source d'alimentation. Il a distribué des semences aux paysans, accompagnées d'instructions pour les cultiver. Mais il avait aussi ajouté un avertissement : il ferait couper le nez de tous ceux qui refuseraient de se soumettre !

Finalement, comme les pommes de terre pouvaient s'adapter à tous les types de sol, de climat et de culture, elles sont devenues un aliment de base dans le monde entier, particulièrement en Europe et en Amérique. C'est en 1845, quand le mildiou frappa l'Europe, que leur rôle pour nourrir des populations entières apparut. Ce champignon mortel détruisit les récoltes plusieurs années de suite, et cela eut un énorme impact politique, donnant le signal de l'agitation générale et semant l'idée de la révolution et de l'immigration. Nous en subissons sans doute encore les conséquences aujourd'hui. Cette catastrophe a été particulièrement ressentie en Irlande, où la pomme de terre était devenue l'une des principales sources d'alimentation. Près d'un million et demi de personnes sont mortes, un grand nombre ont émigré, et le pays a pris plusieurs années à s'en remettre.

En 1995, les pommes de terre sont devenues le premier légume cultivé dans l'espace. En 1999, au Canada, la pomme de terre est le légume le plus cultivé. Et après le blé, c'est aussi le deuxième aliment le plus consommé au monde. De nos jours, les pommes de terre demeurent une source d'alimentation importante et jouent un rôle vital dans plusieurs cuisines. On ne les considère plus comme la nourriture du pauvre. On trouve plutôt sur le marché de nouvelles variétés présentées de façon attrayante et vendues à prix fort.

Ce livre est un hommage à la polyvalence de la pomme de terre et à l'affection qu'on lui porte partout dans le monde. Si je voulais vous transmettre un message, ce serait tout simplement d'être aventureux et de manger plus de pommes de terre.

LES POMMES DE TERRE SONT BONNES POUR LA SANTÉ

Contrairement à la croyance populaire, les pommes de terre ont une bonne valeur nutritive. Elles ne font pas engraisser, même si très souvent les aliments qui les accompagnent le font (beurre, crème, fromage, huile et autres). Les pommes de terre cuites simplement contiennent seulement 87 kcal par 100 g. Même quand les pommes de terre sont rôties ou frites, on peut diminuer la quantité de gras qu'elles absorbent en s'assurant que le beurre ou l'huile soit très chaud avant de l'ajouter aux pommes de terre.

Voici quelques-uns des avantages des pommes de terre pour la santé :

- Elles ont une teneur élevée en amidon, ce qui en fait une bonne source d'énergie (les experts recommandent d'augmenter notre consommation d'aliments contenant de l'amidon comme les pommes de terre, le pain, les pâtes et le riz).
- Elles ont une teneur élevée en potassium, ce qui aide à contrer les effets du sel dans la diète.
- Elles contiennent une bonne quantité de vitamine C (environ 10 mg par 100 g de pomme de terre cuite). Le contenu en vitamine C est à son maximum dans les pommes de terre qui viennent d'être cueillies et diminue pendant l'entreposage ou la cuisson prolongée ou si on laisse les pommes de terre dans l'eau avant de les cuire.
- Elles contiennent aussi du fer et des vitamines B1 (thiamine) et B2 (riboflavine).
- Elles ne contiennent pas de cholestérol et à peu près pas de gras et elles sont pauvres en sodium.

CUIRE LES POMMES DE TERRE POUR CONSERVER LES ÉLÉMENTS NUTRITIFS

La meilleure façon de cuire les pommes de terre pour en conserver les éléments nutritifs est de les faire cuire avec leur pelure, car la plupart des vitamines et des minéraux sont dans la pelure ou juste en dessous. Par conséquent, la cuisson en robe des champs est une excellente façon de conserver les substances nutritives. Faire bouillir les pommes de terre avec leur pelure a un double avantage : non seulement cela empêche les vitamines de passer dans l'eau de cuisson, mais cela permet aussi aux pommes de terre de conserver leur forme.

Dans ces pages, vous verrez que certaines recettes suggèrent d'utiliser des pommes de terre pelées, tandis que d'autres suggèrent de conserver la pelure. En fait, c'est une question de goût. Si vous pelez les pommes de terre, enlevez le moins de pelure possible et faites-le juste avant de les cuire. Faites toujours bouillir les

pommes de terre dans la plus petite quantité d'eau possible et ne les laissez jamais dans l'eau chaude après les avoir fait cuire.

CHOISIR LA POMME DE TERRE APPROPRIÉE

De nos jours, on dénombre environ 4000 variétés de pommes de terre dans le monde entier et même si l'on en trouve seulement une toute petite quantité sur le marché, il existe une certaine confusion. En effet, quelle est la meilleure pomme de terre à utiliser pour tel type de cuisson?

Il y a différentes façons de classer les pommes de terre. Au Canada et aux États-Unis, elles sont classées selon leur forme et la couleur de leur chair ou de leur peau, d'où les recettes qui suggèrent d'utiliser des pommes de terre rouges, des jaunes ou des pommes de terre à chair blanche.

À quelques exceptions près, en Europe, en France et au Royaume-Uni, par exemple, les pommes de terre peuvent se diviser en deux grandes catégories.

- Les pommes de terre à chair farineuse sont riches en amidon et ne contiennent pas beaucoup d'eau. Le sucre s'est transformé en amidon pendant la période où les pommes de terre ont été cueillies. Quand on les cuit, ces pommes de terre ont une texture floconneuse, ce qui convient bien aux pommes de terre grillées, au four, en purée et aux chips. Il ne faut pas les faire bouillir, car elles se défont, à moins de vouloir faire une purée.

- Les pommes de terre à chair ferme sont faibles en amidon, mais contiennent beaucoup d'eau. Elles ont habituellement une texture ferme et un aspect brillant. Quand on les cuit, elles conservent leur forme. Elles conviennent donc bien aux salades ou quand on veut les servir entières. Elles sont aussi parfaites pour les sautés et les gratins.

(De haut en bas) Desiree, Sweet, royales de Jersey et Nicolas

Mais on peut aussi classer les pommes de terre selon leur âge :

- Les pommes de terre nouvelles ont généralement été plantées tôt dans l'année et elles sont offertes à la fin du printemps et au début de l'été. Cependant, grâce aux méthodes modernes de culture, ces pommes de terre sont importées pendant tout l'hiver – même si la saveur de celles que l'on cultive est sans doute meilleure. La plupart des pommes de terre nouvelles ont une chair ferme. Quand vous faites cuire ce type de pommes de terre, ajoutez-les à de l'eau bouillante salée, plutôt que de les mettre dans l'eau froide.

- Les anciennes pommes de terre ont généralement une chair farineuse. On les laisse au sol jusqu'à ce qu'elles atteignent leur pleine grosseur, puis on les récolte à l'automne. Contrairement aux pommes de terre nouvelles, elles se conservent bien et on peut les entreposer plusieurs mois dans les meilleures conditions. Ces pommes de terre doivent être mises dans l'eau froide que l'on porte à ébullition, plutôt que dans l'eau bouillante. Cela diminue les risques qu'elles se brisent pendant la cuisson.

Sur la page suivante, vous trouverez un guide des variétés de pommes de terre les plus populaires au Canada (au Québec, par exemple) et en Europe (en France et au Royaume-Uni, par exemple) ainsi que leurs utilisations. Mais souvenez-vous que quelle que soit la variété idéale pour chaque plat, vous pouvez utiliser la pomme de terre que vous désirez – si vous vous rappelez que le résultat final peut être légèrement différent. Par exemple, si vous utilisez des pommes de terre à chair ferme plutôt que celles à chair farineuse pour faire de la purée, cela lui donnera une texture plus collante. Les différentes variétés de pommes de terre ont chacune leurs caractéristiques propres et une partie du plaisir de cuisiner les pommes de terre est de faire diverses expériences pour trouver ce que vous préférez.

(De haut en bas) Pommes de terre noires, charlotte, francine et Shetland Black

POMMES DE TERRE CULTIVÉES AU QUÉBEC*

	VAPEUR/BOUILLIES	À SALADE	PURÉE	FRITURE	AU FOUR
Rondes blanches					
Eramosa	•				
Kennebec	•		•	•	•
Superior	•				
Rouges					
Chieftain	•	•	•	•	
Norland	•	•	•		•
À chair jaune					
Yukon Gold	•		•	•	•
Longues					
Hilite Russet	•		•	•	•
Shepody	•			•	•

POMMES DE TERRE CULTIVÉES EN EUROPE (EN FRANCE ET AU ROYAUME-UNI, PAR EXEMPLE)

	VAPEUR/BOUILLIES	À SALADE	PURÉE	FRITURE	AU FOUR
À chair farineuse					
King Edward			•	•	
Marfona	•				•
Maris Piper			•	•	•
Pommes de terre noires	•	•	•		
Red Pontiac	•				
Russet		•		•	
Santé			•		•
À chair ferme					
Belle de Fontenay	•	•		•	
Bintje				•	
Charlotte	•	•		•	
Desiree			•	•	•
Nicolas	•	•		•	
Ratte	•	•		•	
Roseval	•	•			
Royales de Jersey	•	•		•	
Spunta	•			•	

* Ce tableau est largement inspiré de celui que l'on peut voir sur le site Internet de la Fédération des producteurs de pommes de terre du Québec.

COMMENT ACHETER ET CONSERVER LES POMMES DE TERRE

Quand vous achetez des pommes de terre, choisissez toujours celles qui sont fermes, fraîches et dont la pelure est lisse et sans tache. Évitez celles qui sont molles et caoutchouteuses, qui ont des taches vertes ou de moisissure, des trous ou des germes. Les taches vertes sont causées par une exposition à la lumière et indiquent que la pomme de terre contient un taux anormalement élevé de solanine – une substance toxique qui n'est pas détruite par la cuisson. Si vous trouvez des taches vertes en épluchant une pomme de terre, la seule chose à faire est de la jeter.

Je préfère acheter mes pommes de terre à l'unité dans un marché public ou d'un marchand de légumes. Les pommes de terre déjà lavées se gâtent généralement plus vite que celles qui ne sont pas lavées, particulièrement si elles sont emballées dans du plastique. Alors, même si les pommes de terre lavées que les supermarchés vendent dans des sacs de plastique semblent être une solution pratique, cela vaut la peine de les acheter seulement si vous comptez les utiliser en quelques jours. Elles sont aussi plus chères que les pommes de terre à l'unité. Quand vous achetez des pommes de terre non lavées, soyez sûrs que la terre qu'on y trouve parfois est fraîche. Si elles sont visqueuses ou si elles ont une odeur désagréable, les pommes de terre ne seront pas en bonne condition.

Il est maintenant facile de se procurer des pommes de terre biologiques. Elles sont exemptes des résidus de pesticide que l'on trouve souvent dans la pelure des pommes de terre conventionnelles de la ferme, cela en fait donc la solution parfaite si vous préférez ne pas les peler. Elles ont presque toujours meilleur goût aussi. Dans les variétés produites de façon conventionnelle, on ajoute de l'eau et de l'azote, ce qui permet aux fermiers d'obtenir un meilleur rendement, mais le goût de la pomme de terre s'en trouve altéré.

(De haut en bas) Maris Piper, King Edward, ratte et charlotte

Les pommes de terre nouvelles ne se conservent pas plus que quelques jours. Toutefois, les variétés des principales cultures peuvent se conserver jusqu'à 6 mois si elles sont entreposées correctement, soit dans un endroit frais, sombre et bien aéré, idéalement à environ 7 °C (45 °F). Sous cette température, par exemple au réfrigérateur, l'amidon se transformera en sucre, ce qui modifiera légèrement le goût. Si vous achetez des pommes de terre dans des sacs de plastique, mettez-les plutôt dans des sacs de papier brun avant de les entreposer – car le plastique les rendra humides, ce qui les fera pourrir.

Étonnamment, les pommes de terre peuvent facilement s'abîmer, il faut donc les manipuler avec soin, car les meurtrissures noirciraient à la cuisson.

Pour conserver les substances nutritives des pommes de terre, il faut les peler juste avant de les cuire. Toutefois, si vous devez parfois les peler quelques heures d'avance, conservez-les dans l'eau froide avec un peu de sel et une tranche de pain blanc, cela préviendra la décoloration.

(De haut en bas) Roseval, Spunta, Red Duke of York et Shetland Black

DES OUTILS QUI FONT DES MIRACLES

Même si vous n'avez pas besoin d'équipement précis pour cuire les pommes de terre, voici quelques ustensiles que je trouve particulièrement utiles. Le fait de bien les utiliser vous permet de faire le travail correctement, mais vous fait aussi épargner du temps. Achetez toujours les meilleurs ustensiles possible.

Couteaux

De bons couteaux bien aiguisés sont essentiels à plusieurs tâches dans la cuisine. Un grand couteau de cuisinier solide est ce qu'il y a de mieux pour hacher ou trancher les pommes de terre. Aiguisez la lame de façon régulière sur un fusil – au moins une fois par semaine pour le garder en parfaite condition.

Épluche-légumes

On en trouve plusieurs variétés, mais il vaut mieux acheter celui à lame mince. Celui qui pivote fonctionne très bien et est très utile pour râper le parmesan. Ceux qui sont en forme de U peuvent être utilisés par les droitiers comme par les gauchers.

Friteuse

Vous pouvez, bien entendu, faire frire les pommes de terre dans une casserole profonde ordinaire, mais les friteuses sont plus sûres et plus propres à utiliser. La température est contrôlée et vous pouvez fermer le couvercle pendant que les pommes de terre sont en train de frire.

Mandoline

Une mandoline de bonne qualité munie d'une lame ajustable est un outil qui coûte cher. Mais cela permet de couper de façon très efficace des tranches de pomme de terre régulières aussi mince que vous le désirez. Vous pouvez aussi l'utiliser pour couper des chips, des pommes allumettes et pour râper.

Pilon

Voici la façon la plus économique de faire de la purée, même si elle ne sera pas aussi onctueuse que si vous employez un presse-purée.

Plats à gratin

Ces plats peu profonds permettent aux aliments de dorer facilement au four. Ils sont également assez grands, ce qui vous permet de profiter au maximum d'une belle surface croustillante. Dans les meilleurs, vous pouvez commencer la cuisson sur le poêle, éteindre le feu, puis mettre directement le plat au four.

Plats allant au four

Des plats robustes en acier inoxydable ou en aluminium ne se déforment pas à la chaleur du four et peuvent aussi être utilisés sur le poêle.

Poêles à frire

Utilisez-les pour les pommes de terre grillées, les omelettes et les crêpes. Les poêles à frire résistantes, comme les poêles en fonte, sont les plus pratiques, car elles permettent de conserver un degré de température constant. Les aliments sont donc moins susceptibles de brûler. Les poêles allant au four munies d'un manche vous permettent de passer directement les aliments du poêle au four.

Presse-purée ou tamis

Cet outil permet d'obtenir une purée de pommes de terre parfaite, légère et onctueuse. Un tamis fait aussi du bon travail, mais il vous faudra pousser les pommes de terre avec une cuillère de bois pour qu'elles passent à travers les mailles. Achetez le tamis le plus grand possible pour faire le travail le plus rapidement possible.

Ne faites pas de purée au robot culinaire, car elle serait plus collante. Les patates douces peuvent aussi se mettre en purée de la même façon.

Râpe

Vous aurez besoin d'une râpe pour faire des röstis, des *boxty* et plusieurs autres plats de pommes de terre traditionnels qui demandent des pommes de terre râpées. Les râpes qui ont un peu la forme d'une boîte sont les plus faciles à utiliser. Autrement, vous pouvez vous servir des disques à gratin d'un robot culinaire.

En ce qui concerne les recettes…

• Certaines variétés de pommes de terre sont parfois suggérées, mais si vous n'arrivez pas à en trouver, vous pouvez utiliser les pommes de terre que vous avez sous la main.

SOUPES, HORS-D'ŒUVRE ET SALADES

Connaissez-vous un plat plus substantiel qu'une bonne soupe de pommes de terre ? De plus, ce plat qui nourrit, réchauffe et réconforte ne coûte pratiquement rien à préparer. Un bon exemple de cela ? La Soupe de haricots blancs et de pommes de terre. Vous pouvez aussi combiner le côté terre-à-terre et le côté extravagant – comme dans la Soupe froide de pommes de terre et de cresson garnie de chantilly et de caviar. Les salades de pommes de terre aussi vont du simple au raffiné. Elles font partie des plats de base de différentes cuisines à travers le monde, que vous choisissiez un plat indien épicé, comme l'Aloo Chat, un plat d'inspiration provençale comme les Pommes de terre et fenouil grillées à la niçoise ou la Salade d'ignames et de coriandre à la marocaine. Presque n'importe quel ingrédient peut se marier aux salades de pommes de terre, la seule règle à respecter est de choisir des pommes de terre dont la chair est ferme pour qu'elles conservent leur forme.

Les pommes de terre peuvent sembler ne pas être le choix idéal comme hors-d'œuvre, mais le plat choisi n'a pas à être lourd ni substantiel. Il s'agit de les utiliser de façon judicieuse et de les combiner avec des ingrédients savoureux. Les Calmars grillés et pommes de terre marinées sont une entrée agréable à servir.

Salade de canard fumé, de pommes de terre et de cèpes

4 portions

Cette élégante salade constitue un hors-d'œuvre de choix lors d'une réception. Vous pouvez remplacer le canard par du poulet fumé. Il est moins cher et plus facile à trouver.

• Cuire les pommes de terre avec leur pelure dans de l'eau bouillante salée jusqu'à ce qu'elles soient tout juste tendres et bien les égoutter. Les couper en tranches de 1 cm (½ po) d'épaisseur, puis les frire dans l'huile d'olive de 3 à 4 min de chaque côté, jusqu'à ce qu'elles soient dorées. Ajouter les champignons tranchés et les noix, puis les faire sauter pendant 1 min. Assaisonner au goût, retirer du feu et garder au chaud.

• Pour faire la vinaigrette, mélanger dans un petit bol l'oignon vert ou l'oignon nouveau, la moutarde, le vinaigre de xérès, l'ail et les herbes, puis incorporer les deux sortes d'huile et fouetter le tout. Saler et poivrer. Mettre les feuilles de salade dans un bol, verser un peu de vinaigrette et remuer, puis rectifier l'assaisonnement. Disposer les feuilles de salade dans 4 assiettes de service et garnir des tranches de canard fumé. Parsemer du mélange de pommes de terre et verser en filet le reste de la vinaigrette. Servir immédiatement.

INGRÉDIENTS

- 150 g (5 oz) de pommes de terre nouvelles
- 4 c. à soupe d'huile d'olive
- 4 gros cèpes ou bolets en tranches
- 24 moitiés de noix de Grenoble
- 150 g (5 oz) de feuilles de salade mélangées
- 2 poitrines de canard fumé, finement tranchées
- Sel et poivre noir fraîchement moulu

VINAIGRETTE

- 1 oignon vert ou oignon nouveau finement haché
- ½ c. à café (½ c. à thé) de moutarde de Dijon
- 2 c. à soupe de vinaigre de xérès
- 1 gousse d'ail écrasée
- 1 c. à soupe de persil italien, frais
- 1 c. à soupe d'estragon frais, haché
- 4 c. à soupe d'huile d'olive
- 2 c. à soupe d'huile de noix

Soupe de patates douces, fourme d'Ambert et piment chipotle

4 portions

- 2 piments chipotle
- 25 g (1 oz) de beurre non salé
- 1 oignon haché
- 1 carotte hachée
- 1 branche de céleri hachée
- 2 feuilles de sauge fraîche, hachées
- 450 g (1 lb) de patates douces, pelées et hachées
- 200 g (7 oz) de pommes de terre pelées et hachées
- 1 litre (4 tasses) de bouillon de poulet bien aromatisé
- Muscade fraîchement râpée
- Sel et poivre noir fraîchement moulu
- 75 g (3 oz) de fourme d'Ambert ou d'un autre fromage bleu, doux
- 100 ml (3 ½ oz) de crème à 35 %
- 2 c. à soupe de coriandre fraîche, hachée

Dans un mélange de saveurs douces, piquantes et salées, cette délicieuse soupe met l'accent sur la patate douce, légume délicat.

• Couper les piments en deux dans le sens de la longueur, puis les remuer pour faire tomber les graines. Déposer les piments dans un bol, les couvrir d'eau bouillante et les laisser tremper 30 min. Les assécher ensuite et les couper. Dans une casserole, faire chauffer le beurre, ajouter l'oignon, la carotte, le céleri et la sauge et cuire à feu doux pendant 4 à 5 min, jusqu'à ce qu'ils soient ramollis. Ajouter les patates douces, les pommes de terre et les piments, couvrir et faire suer pendant 5 min. Verser le bouillon de poulet et porter à ébullition, réduire à feu doux et laisser mijoter de 40 à 45 min, jusqu'à ce que les légumes se défassent. Passer la soupe au mélangeur jusqu'à ce qu'elle ait une consistance veloutée. Remettre la soupe dans la casserole à feu doux, puis ajouter la muscade, le sel et le poivre.

• Mettre le fromage et la crème dans une petite poêle et chauffer doucement, en brassant, jusqu'à ce que le tout soit onctueux. Verser la soupe dans des bols individuels, puis incorporer délicatement le mélange fromage-crème. Parsemer de coriandre et servir.

Soupe de pommes de terre et d'églefin fumé

4 portions

Cette recette peut se faire de différentes façons et je les ai probablement toutes essayées. Cela va d'un bouillon à une soupe de consistance plus épaisse, comme ici. Quand je songe à l'églefin fumé, je pense toujours aussi aux œufs légèrement pochés pour l'accompagner. J'ai donc décidé de les ajouter à ce classique écossais et j'ai découvert une combinaison gagnante.

• Mettre l'églefin fumé dans une casserole, puis verser le lait chaud. Ajouter la moitié de l'oignon et le macis. Porter tout juste à ébullition et verser l'eau. Porter de nouveau à ébullition et laisser mijoter de 4 à 5 min, jusqu'à ce que le poisson soit cuit. Retirer du feu, puis, à l'aide d'une écumoire, déposer le poisson dans un bol pour qu'il refroidisse. Filtrer le liquide de cuisson et réserver. Enlever la peau et les arêtes, puis émietter le poisson.

• Faire fondre le beurre dans une grande casserole, ajouter le reste de l'oignon et cuire jusqu'à ce qu'il soit ramolli. Ajouter les pommes de terre et les faire suer 5 min. Verser sur le liquide de cuisson réservé et laisser mijoter jusqu'à ce que les pommes de terre soient tendres. Passer au mélangeur jusqu'à l'obtention d'une purée, puis verser dans une casserole propre. Ajouter la muscade, le sel et le poivre, incorporer le poisson émietté et garder au chaud. Pocher les œufs de façon classique (voir p. 104), les retirer de la casserole et les égoutter. Verser la soupe dans des bols individuels, déposer un œuf poché au centre de chaque portion et parsemer de persil.

UN PETIT TRUC : Achetez toujours de l'églefin fumé nature et non de cet horrible poisson de couleur jaune vif que l'on trouve chez certains poissonniers qui se préoccupent plus de l'apparence que du goût.

- 450 g (1 lb) d'églefin fumé nature
- 600 ml (env. 2 ½ tasses) de lait à 3,25 %, chaud
- 2 oignons tranchés
- 1 pointe de macis
- 600 ml (env. 2 ½ tasses) d'eau
- 75 g (3 oz) de beurre non salé
- 4 pommes de terre moyennes, pelées et en dés
- Muscade fraîchement râpée
- Sel et poivre noir fraîchement moulu
- 4 œufs
- 2 c. à soupe de persil frais, haché

Soupe froide de pommes de terre et de cresson garnie de chantilly et de caviar

Soupe froide de pommes de terre et de cresson garnie de chantilly et de caviar

- 2 bouquets de cresson
- 50 g (2 oz) de beurre non salé
- 1 oignon haché
- 2 blancs de poireau hachés
- 450 g (1 lb) de pommes de terre, pelées et en dés
- 900 ml (3 ⅔ tasses) de bouillon de poulet
- 120 ml (½ tasse) de crème à 35 %
- Sel et poivre noir fraîchement moulu

CHANTILLY AU CAVIAR

- 100 ml (3 ½ oz) de crème à 35 % à demi-fouettée
- 20 g (¾ oz) de caviar

PRÉPARATION

• Retirer les feuilles d'un des bouquets de cresson et réserver. Blanchir les tiges et l'autre bouquet de cresson à l'eau bouillante, égoutter, passer à l'eau froide, puis égoutter de nouveau. Hacher finement.

• Dans une casserole, faire chauffer le beurre, ajouter l'oignon, les poireaux et les pommes de terre, puis couvrir et laisser mijoter à feu doux jusqu'à ce que le tout soit ramolli. Verser le bouillon de poulet, ajouter le cresson et porter à ébullition. Laisser mijoter de 20 à 25 min, jusqu'à ce que les pommes de terre se défassent. Passer la soupe au mélangeur jusqu'à ce qu'elle ait la consistance d'une purée. Laisser refroidir, puis incorporer la crème. Assaisonner au goût et laisser refroidir complètement.

• Verser dans des bols individuels, garnir des feuilles de cresson réservées, déposer une bonne cuillerée de crème au centre de chaque portion, puis couronner de caviar.

Soupe de haricots blancs et de pommes de terre

- 250 g (9 oz) de haricots cannellini séchés qui ont trempé toute la nuit dans l'eau froide
- 6 feuilles de sauge fraîche
- Un brin de romarin
- 250 g (9 oz) de pommes de terre pelées et coupées en petits dés
- 4 gousses d'ail écrasées
- Sel et poivre noir fraîchement moulu
- 6 c. à soupe d'huile d'olive vierge
- 2 tranches épaisses de pain de campagne coupées en cubes de 1 cm (½ po)
- 1 c. à thé de paprika

• Égoutter les haricots, les placer dans une grande casserole et les recouvrir d'eau fraîche. Ajouter les fines herbes, porter à ébullition et laisser mijoter pendant 1 h. Ajouter les pommes de terre et l'ail, puis laisser mijoter lentement encore 30 min, jusqu'à ce que les haricots et les pommes de terre soient ramollis. Passer au mélangeur jusqu'à ce que le tout soit onctueux, remettre dans la casserole, assaisonner au goût et garder au chaud. Si la soupe est trop épaisse, on peut l'éclaircir avec un peu d'eau.

• Chauffer la moitié de l'huile dans une poêle à frire, ajouter les cubes de pain et frire jusqu'à ce qu'ils soient dorés. Égoutter sur du papier essuie-tout et saupoudrer de paprika. Verser la soupe dans des bols individuels, garnir des croûtons au paprika, verser le reste de l'huile d'olive en filet et servir.

Bisque de patate douce accompagnée de salsa avocat-lime

4 portions

- Préchauffer le four à 200 °C (400 °F). Mettre les patates douces dans une lèchefrite, y verser 4 c. à soupe d'huile d'olive, puis les faire rôtir au four environ 40 min ou jusqu'à ce qu'elles soient tendres – mais ne pas trop les laisser dorer.

- Dans une grande casserole, chauffer le reste de l'huile d'olive, ajouter l'oignon, l'ail, le gingembre et cuire doucement 5 min. Ajouter les patates douces rôties, le piment rouge, la cannelle, le sel et le poivre. Verser le bouillon et porter à ébullition. Réduire à feu doux et laisser mijoter 15 min. Passer au mélangeur jusqu'à l'obtention d'une purée lisse, puis verser dans un grand bol. Incorporer la crème, le sirop d'érable et le jus de lime et bien refroidir.

- Pour faire la salsa, mettre les cubes d'avocat dans un bol, ajouter le reste des ingrédients et bien mélanger. Assaisonner au goût.

- Pour servir, verser la soupe dans des bols refroidis et déposer une bonne cuillerée de salsa avocat-lime au centre de chaque portion.

Ingrédients :
- 650 g (env. 1 1/2 lb) de patates douces pelées et grossièrement coupées
- 6 c. à soupe d'huile d'olive
- 1 oignon finement haché
- 1 gousse d'ail écrasée
- Un morceau de 5 cm (2 po) de gingembre frais, râpé
- 1 petit piment chili rouge, épépiné et tranché finement
- 1/2 c. à café (1/2 c. à thé) de cannelle moulue
- Sel et poivre noir fraîchement moulu
- 750 ml (3 tasses) de bouillon de légumes ou de poulet
- 120 ml (1/2 tasse) de crème à 35 %
- 2 c. à soupe de sirop d'érable
- Le jus de 2 limes

Soupe de pommes de terre, de chou-fleur et d'avoine

4 portions

Une soupe riche et réconfortante qui est originaire du Lancashire, en Grande-Bretagne.

- Dans une casserole, faire chauffer le beurre, ajouter le poireau et le chou-fleur et cuire doucement pendant quelques minutes. Ajouter les pommes de terre, puis couvrir et laisser suer pendant 10 min. Mélanger le lait et la farine d'avoine, puis verser le mélange sur les légumes. Ajouter le bouillon, porter à ébullition et laisser mijoter jusqu'à ce que les légumes soient tendres. Passer la soupe au mélangeur jusqu'à ce qu'elle ait la consistance d'une purée, puis la réchauffer doucement et l'assaisonner au goût.

Ingrédients :
- 25 g (1 oz) de beurre non salé
- 1 poireau en tranches
- 200 g (7 oz) de chou-fleur coupé en petits bouquets
- 550 g (1 1/4 lb) de pommes de terre pelées et coupées en dés
- 600 ml (env. 2 1/2 tasses) de lait à 3,25 %
- 50 g (2 oz) de gros flocons de farine d'avoine
- 600 ml (env. 2 1/2 tasses) de bouillon de poulet bien aromatisé
- Sel et poivre noir fraîchement moulu

SALSA

- 1 avocat pelé, dénoyauté et coupé en petits cubes
- 2 tomates italiennes pelées, épépinées et hachées
- 4 c. à soupe de jus de lime
- 2 ciboules ou échalotes hachées
- 1 petit piment chili rouge, épépiné et haché
- 1 c. à soupe de coriandre fraîche grossièrement hachée
- 3 c. à soupe d'huile d'olive

Potage Parmentier

4 portions

Une soupe à la fois peu chère et nourrissante qui peut être servie comme entrée, comme repas léger ou comme plat principal. Facile à préparer, cette soupe est à la base de plusieurs variantes. Servie froide, elle se transforme en traditionnelle vichyssoise.

• Dans une casserole, faire chauffer le beurre, ajouter l'oignon et les poireaux, couvrir et laisser suer jusqu'à ce que les légumes soient tendres, mais non colorés. Verser le bouillon et porter à ébullition. Ajouter les pommes de terre et laisser mijoter de 25 à 30 min, jusqu'à ce qu'elles soient tendres. Passer au mélangeur jusqu'à l'obtention d'une purée très lisse. Remettre dans la casserole, réchauffer doucement, puis incorporer la crème et les assaisonnements. Servir immédiatement après avoir parsemé de ciboulette.

VARIANTES

• Incorporer à la crème 75 g (3 oz) d'herbes fraîchement hachées et servir froid. Estragon, cerfeuil et persil sont d'excellents choix.

• Ajouter à l'oignon et aux poireaux 200 g (7 oz) d'épinards blanchis.

• Remplacer les poireaux par du céleri.

- 25 g (1 oz) de beurre non salé
- ½ oignon haché
- 2 gros blancs de poireau hachés
- 1 litre (4 tasses) de bouillon de poulet bien aromatisé
- 350 g (12 oz) de pommes de terre pelées et hachées
- 120 ml (½ tasse) de crème à 35 %
- 1 c. à soupe de ciboulette hachée
- Sel et poivre noir fraîchement moulu

- 350 g (12 oz) de pommes de terre noires ou bleues (All Blue)
- 350 g (12 oz) de pommes de terre nouvelles
- Une bonne pincée de brins de safran
- 75 g (3 oz) de beurre non salé
- 6 c. à soupe d'huile d'olive
- 175 g (6 oz) de thon en conserve dans l'huile, égoutté
- 4 c. à soupe de mayonnaise
- Sel et poivre noir fraîchement moulu

VINAIGRETTE

- 2 c. à soupe d'huile végétale
- 1 gousse d'ail écrasée
- 4 ciboules ou échalotes finement hachées
- 1 piment rouge habanero (souvent appelé piment enragé), épépiné et finement haché
- 2 tomates italiennes coupées en cubes de 0,5 cm (¼ po)
- 2 filets d'anchois finement hachés
- Le jus de 1 lime, plus le zeste finement râpé
- 1 c. à soupe de coriandre fraîche, hachée
- 1 c. à soupe de miel
- 1 c. à café (1 c. à thé) de petites câpres rincées et égouttées
- Une pincée de cumin moulu

PRÉPARATION

Ce plat de pommes de terre froid se fait différemment selon le village ou la ville du Pérou où l'on se trouve. J'aime tout particulièrement la façon dont il est moulé, car cela laisse voir les couleurs contrastantes des couches superposées.

- Cuire les pommes de terre noires ou bleues dans une casserole d'eau bouillante salée jusqu'à ce qu'elles soient tendres. Les égoutter et les laisser reposer jusqu'à ce qu'elles soient assez froides pour être manipulées, puis les peler.

- Peler les pommes de terre nouvelles, les mettre dans une autre casserole et ajouter le safran. Couvrir d'eau bouillante salée et laisser mijoter jusqu'à ce qu'elles soient tendres, puis bien les égoutter. Mettre en purée séparément les deux types de pommes de terre ou les passer dans un tamis pour leur donner une texture onctueuse. Incorporer la moitié du beurre dans chacune des purées, répéter l'opération pour l'huile d'olive, puis assaisonner au goût. Mélanger le thon et la mayonnaise, puis assaisonner au goût.

- Utiliser de 6 à 8 moules de métal d'environ 10 cm (4 po) de diamètre et huiler l'intérieur. Étendre une mince couche de purée de pommes de terre noires ou bleues dans chacun d'entre eux, répéter l'opération pour le mélange de thon, puis pour les pommes de terre au safran, ajouter ensuite du mélange de thon encore une fois. Garnir de nouveau de pommes de terre noires ou bleues, puis de thon et finir par les pommes de terre au safran. Égaliser la surface à l'aide d'une spatule métallique et placer au réfrigérateur de 2 à 3 h jusqu'à consistance ferme.

- Entre-temps, mélanger tous les ingrédients de la vinaigrette, assaisonner au goût et laisser reposer 1 h.

- Pour servir, renverser les moules sur des assiettes de service et démouler chaque portion avec soin. Verser la vinaigrette sur la préparation et autour.

UN PETIT TRUC : Au Pérou, on fait souvent la *causa* dans des tasses, et c'est une solution bien pratique si vous n'avez pas de moules de métal.

Calmars grillés et pommes de terre marinées au piment rouge et aux oignons verts

• Couper les pommes de terre non pelées en tranches de 1 cm ($\frac{1}{2}$ po) d'épaisseur et les déposer sur une plaque. Les parsemer de gros sel et les laisser dégorger 1 h. Passer les pommes de terre à l'eau courante pour enlever le sel, puis les assécher dans un linge. Porter une casserole d'eau à ébullition, ajouter les pommes de terre et cuire pendant 5 min, puis bien les égoutter.

• Mettre le vinaigre, le sucre et les flocons de piment dans une casserole et porter lentement à ébullition. Verser dans un bol et laisser refroidir, puis ajouter les pommes de terre, les oignons verts ou les oignons nouveaux, l'ail, les herbes et 4 c. à soupe d'huile d'olive. Assaisonner et laisser mariner 30 min à température de la pièce.

• Couper chacun des corps de calmar pour obtenir un morceau plat. À l'aide d'un couteau pointu, faire un quadrillage à l'intérieur des morceaux en laissant environ 1 cm ($\frac{1}{2}$ po) entre chaque carré.

• Passer les calmars dans le reste de l'huile d'olive, assaisonner et placer le côté quadrillé sur une poêle chaude à fond strié ou sur le barbecue. Cuire de 1 à 2 min, puis les retourner et cuire rapidement de l'autre côté. Ajouter les calmars aux pommes de terre marinées pendant que c'est chaud et laisser encore 30 min pour que les saveurs s'épanouissent. Servir à température de la pièce avec beaucoup de pain croûté.

- 250 g (9 oz) de pommes de terre à salade
- 1 c. à soupe de gros sel
- 150 ml (env. $\frac{2}{3}$ tasse) de vinaigre de vin blanc
- 3 c. à soupe de sucre en poudre
- $\frac{1}{2}$ c. à café ($\frac{1}{2}$ c. à thé) de piments rouges en flocons
- 2 petits oignons verts ou oignons nouveaux coupés en rondelles
- 1 gousse d'ail écrasée
- 1 c. à café (1 c. à thé) de menthe fraîche, hachée
- 1 c. à soupe de coriandre fraîche, hachée
- 6 c. à soupe d'huile d'olive
- 450 g (1 lb) de petits calmars nettoyés, dont on réserve les tentacules
- Sel et poivre noir fraîchement moulu

Quesadillas farcies aux pommes de terre, au crabe et au chorizo

- 300 g (11 oz) de pommes de terre noires ou bleues (All Blue)
- 25 g (1 oz) de beurre non salé
- 1 oignon finement haché
- 1 piment vert, épépiné et finement haché
- 2 gousses d'ail écrasées
- 6 c. à soupe de fromage à la crème
- 250 g (9 oz) de chair blanche de crabe, fraîche
- 2 c. à soupe de coriandre fraîche, hachée
- 50 g (2 oz) de cheddar ou de monterey jack mûr, râpé
- 75 g (3 oz) de chorizo, la peau enlevée, et coupé en cubes de 0,5 cm (¼ po)
- 8 tortillas de 15 cm (6 po)
- Sel et poivre noir fraîchement moulu
- Crème sure, fromage râpé et sa sauce préférée pour servir

Voici un plat idéal le midi ou un hors-d'œuvre original quand vous cherchez quelque chose d'un peu différent.

• Faire bouillir les pommes de terre avec leur pelure jusqu'à ce qu'elles soient tendres, puis bien les égoutter. Les peler et les couper grossièrement en dés. Dans une casserole, chauffer le beurre, ajouter l'oignon, le piment et l'ail et faire suer jusqu'à ce que le tout soit ramolli, mais non coloré. Ajouter les dés de pomme de terre et cuire 12 min. Retirer du feu, écraser grossièrement les pommes de terre à la fourchette, puis incorporer la moitié du fromage à la crème pour lier le tout. Assaisonner au goût.

• Mélanger la chair de crabe et la coriandre, le fromage râpé, le chorizo et le reste du fromage à la crème, puis assaisonner au goût. Déposer 4 tortillas sur une surface plane, recouvrir du mélange de pomme de terre, puis du mélange de crabe. Mettre les tortillas qui restent sur le dessus et presser légèrement. Faire griller les quesadillas farcies dans une poêle à fond strié (ou les faire sauter dans un peu de beurre dans une poêle à frire) jusqu'à ce qu'elles soient bien grillées et dorées, en les retournant une fois pendant la cuisson.

• Pour servir, couper les quesadillas en quartiers et décorer de brins de coriandre fraîche. J'aime bien aussi les servir couronnées d'une bonne cuillerée de crème sure, de fromage râpé et de salsa un peu piquante.

Salade de petites betteraves, de pommes de terre et de fromage bleu

4 portions

Les betteraves rôties dans une vinaigrette aigre-douce ajoutent une saveur fantastique à cette salade.

• Préchauffer le four à 200 °C (400 °F). Parer les betteraves et les laver avec soin. Les placer dans un plat à rôtir, verser en filet l'huile d'olive et le vinaigre de vin, puis parsemer de cassonade. Rôtir au four de 40 à 45 min, jusqu'à ce que les betteraves soient tendres.

• Cuire les pommes de terre avec leur pelure dans de l'eau bouillante salée jusqu'à ce qu'elles soient tendres, puis les égoutter et les couper en deux. Les mettre dans un bol avec les betteraves cuites, puis parsemer de fromage. Verser l'huile de noix en filet, parsemer de noix, puis assaisonner de gros sel et de poivre noir moulu.

- 6 petites betteraves entières ou coupées en deux, selon leur grosseur
- 3 c. à soupe d'huile d'olive
- 1 c. à soupe de vinaigre de vin rouge de bonne qualité
- 1 grosse c. à café (c. à thé) de cassonade
- 450 g (1 lb) de petites pommes de terre
- 175 g (6 oz) de stilton ou de gorgonzola grossièrement haché
- 3 c. à soupe d'huile de noix
- 3 c. à soupe de noix de Grenoble rôties et grossièrement hachées
- Gros sel et poivre noir fraîchement moulu

Salade de pommes de terre à la crétoise

4 portions

Savoureuse et colorée, cette salade constitue un plat estival parfait, un rappel de l'une des plus belles destinations du monde.

• Cuire les pommes de terre avec leur pelure dans de l'eau bouillante salée jusqu'à ce qu'elles soient tout juste tendres, les égoutter et les laisser reposer jusqu'à ce qu'elles soient assez froides pour être manipulées. Peler les pommes de terre et les placer dans un bol.

• Faire une vinaigrette en fouettant ensemble le vinaigre, la moutarde et l'huile d'olive. Verser sur les pommes de terre pendant qu'elles sont encore chaudes. Mélanger les ingrédients qui restent et laisser mariner au moins 3 h avant de servir.

UN PETIT TRUC : Les citrons confits salés sont l'une des saveurs caractéristiques de la cuisine marocaine. On les utilise dans différents plats, des tajines aux salades. Vous pouvez vous les procurer dans certaines épiceries fines et dans les grands supermarchés.

- 450 g (1 lb) de pommes de terre à salade
- 1 c. à soupe de vinaigre de vin rouge
- ½ c. à café (½ c. à thé) de moutarde de Dijon
- 5 c. à soupe d'huile d'olive
- 150 g (5 oz) de fromage feta ou kefalotyri grossièrement émietté
- 1 c. à soupe de menthe fraîche, hachée
- 1 c. à café (1 c. à thé) d'origan frais, haché
- 1 oignon rouge, tranché mince
- 3 ciboules ou échalotes hachées
- 16 olives noires
- 1 c. à soupe de citron confit finement haché
- Sel et poivre noir fraîchement moulu

Salade de petites betteraves, de pommes de terre et de fromage bleu

Salade tiède de pommes de terre et de fruits de mer

4 portions

Cette salade de fruits de mer chaude provient d'Espagne. La vinaigrette au safran complète à merveille les fruits de mer, aux couleurs éclatantes et au goût vif.

• Dans une grande casserole profonde, chauffer l'huile d'olive, ajouter l'oignon, les tomates, le poivron et l'ail. Cuire à feu moyen de 1 à 2 min. Augmenter à feu élevé, ajouter les calmars et cuire 2 min, puis ajouter les pommes de terre, le fumet de poisson et le xérès et laisser cuire lentement 20 min. Ajouter les palourdes, les moules et les crevettes, couvrir et cuire lentement de 2 à 3 min encore. À l'aide d'une écumoire, mettre tous les ingrédients dans une grande assiette. Filtrer le jus de cuisson de la casserole et réserver.

• Pour la vinaigrette, écraser l'ail et le safran dans un mortier. Ajouter le basilic et le persil, les écraser pour obtenir une pâte, puis y mélanger le jus de citron, l'huile d'olive et le jus de cuisson. Rectifier l'assaisonnement et verser la vinaigrette en filet sur les fruits de mer. Servir chaud avec une bonne quantité de pain croûté.

UN PETIT TRUC : Pour nettoyer les moules et les palourdes, brossez-les bien sous l'eau froide courante. Jetez celles qui ne se ferment pas quand vous les frappez doucement sur le plan de travail. Il vous faudra également enlever et jeter la «barbe» des moules.

INGRÉDIENTS

- 2 c. à soupe d'huile d'olive
- 1 oignon finement haché
- 3 tomates italiennes, pelées, épépinées et hachées
- 1 poivron rouge grillé, pelé, épépiné et en dés
- 1 gousse d'ail hachée
- 8 petits calmars nettoyés et coupés en rondelles
- 450 g (1 lb) de petites pommes de terre à salade pelées et en dés
- 100 ml (3 ½ oz) de fumet de poisson
- 4 c. à soupe de xérès sec
- 350 g (12 oz) de palourdes nettoyées (voir Un petit truc)
- 350 g (12 oz) de moules nettoyées (voir Un petit truc)
- 20 grosses crevettes crues, décortiquées et les veines enlevées (voir Un petit truc, p. 137)

VINAIGRETTE
- 2 gousses d'ail hachées
- Une bonne pincée de brins de safran
- 10 feuilles de basilic frais
- 4 c. à soupe de persil italien frais, haché
- Le jus de 1 citron
- 100 ml (3 ½ oz) d'huile d'olive
- Sel et poivre noir fraîchement moulu

Salade d'ignames et de coriandre à la marocaine

- 150 ml (env. ²/₃ tasse) d'huile d'olive
- 2 oignons finement tranchés
- 1 morceau de 1 cm (½ po) de gingembre frais, finement haché
- 2 piments rouges, épépinés et finement tranchés
- 600 g (1 lb 5 oz) de petites ignames, pelées et coupées en tranches de 0,3 cm (⅛ po) d'épaisseur
- Une pincée de brins de safran
- ½ c. à café (½ c. à thé) de graines de cumin grillées rapidement dans une poêle à frire
- Le jus de 1 citron
- ½ c. à café (½ c. à thé) de paprika
- 3 c. à soupe de coriandre fraîche, hachée
- 1 c. à soupe de menthe fraîche, hachée
- 1 c. à soupe de citron confit finement haché (voir Un petit truc, p. 30)
- Sel et poivre noir fraîchement moulu

Le Maroc s'enorgueillit de l'une des cuisines les plus excitantes du monde. Dans un récent voyage à Marrakech, j'ai goûté un aliment de rue bien typique à la place Djema'el Fna, cet endroit où des milliers de personnes viennent profiter de la bonne cuisine et de l'atmosphère animée. Voici l'adaptation d'une salade que l'un des marchands a préparée.

• Chauffer 100 ml (3 ½ oz) d'huile d'olive dans une grande casserole, ajouter les oignons, le gingembre et les piments et faire sauter jusqu'à ce que ce soit tendre, mais non coloré. Ajouter les ignames, le safran, le cumin, le jus de citron et le paprika, puis verser juste assez d'eau pour couvrir. Mettre un couvercle sur la casserole, réduire le feu et cuire de 10 à 12 min jusqu'à ce que les ignames soient tout juste tendres. Incorporer la coriandre, la menthe et le citron confit, puis verser le reste de l'huile et rectifier l'assaisonnement. Mettre dans un bol et faire refroidir au réfrigérateur avant de servir.

Salade tiède de pommes de terre au jambon et à l'oignon vert

- 650 g (env. 1 ½ lb) de pommes de terre nouvelles, épluchées
- 100 g (4 oz) de jambon fumé cuit, haché
- 2 oignons verts ou oignons nouveaux, hachés
- 2 c. à soupe de très petites câpres, rincées et égouttées
- 8 cornichons à cocktail hachés
- 3 c. à soupe de persil italien, haché

VINAIGRETTE
- 1 c. à soupe de vinaigre de vin rouge
- 1 c. à café (1 c. à thé) de moutarde de Dijon
- 4 c. à soupe d'huile d'olive
- Sel et poivre noir fraîchement moulu

Les ingrédients de cette salade sont les mêmes que ceux du traditionnel jambon persillé français (jambon et persil en gelée). Un jour, j'ai pensé faire une salade de pommes de terre en utilisant pratiquement les mêmes ingrédients. Ce fut une réussite, alors en voici la recette.

• Cuire les pommes de terre dans de l'eau bouillante salée jusqu'à ce qu'elles soient tendres, les égoutter et les mettre dans un bol. Ajouter tous les autres ingrédients, sauf ceux de la vinaigrette, puis mélanger.

• Pour faire la vinaigrette, mettre le vinaigre et la moutarde dans un bol, verser l'huile et fouetter, puis assaisonner au goût. Verser la vinaigrette sur les pommes de terre et mélanger tous les ingrédients. Laisser reposer de 10 à 15 min pour que les pommes de terre absorbent bien les saveurs de la vinaigrette, puis servir tiède.

Salade de pommes de terre rôties et saumon fumé

4 portions

- 350 g (12 oz) de petites pommes de terre
- 150 ml (env. ¹/₃ tasse) d'huile d'olive
- Sel et poivre noir fraîchement moulu
- 2 c. à soupe de vinaigre de xérès
- 2 ciboules ou échalotes coupées en tranches de 0,3 cm (¹/₈ po) d'épaisseur
- 1 c. à soupe de très petites câpres, égouttées
- 6 petits cornichons à cocktail finement tranchés
- 2 œufs cuits dur et finement hachés
- 300 g (11 oz) de saumon fumé, finement tranché
- 1 c. à café (1 c. à thé) d'estragon haché

J'ai toujours aimé la combinaison de poisson fumé et de pommes de terre. Ici, les petites pommes de terre et une vinaigrette piquante mettent admirablement bien le saumon en valeur.

- Préchauffer le four à 190 °C (375 °F). Laver les pommes de terre, puis les placer dans un plat à rôtir, les remuer dans 60 ml (¹/₄ tasse) d'huile d'olive et saler. Rôtir au four environ 40 min, jusqu'à ce qu'elles soient dorées et tendres, puis retirer du four et laisser refroidir un peu.

- Pour faire la vinaigrette, fouetter le vinaigre et le reste de l'huile d'olive, puis assaisonner au goût. Couper les pommes de terre en deux et les mettre dans un bol avec les ciboules ou les échalotes, les câpres, les cornichons et les œufs hachés. Verser la vinaigrette et rectifier l'assaisonnement.

- Répartir les tranches de saumon fumé dans 4 assiettes de service et garnir de salade de pommes de terre. Les amateurs de saumon fumé comme moi peuvent ajouter un petit peu de saumon sur le dessus. Parsemer d'estragon et servir.

Salade de pommes de terre trois couleurs

4 portions

- 200 g (7 oz) de pommes de terre noires ou bleues (All Blue)
- 200 g (7 oz) de pommes de terre rouges
- 200 g (7 oz) de pommes de terre nouvelles
- Sel et poivre noir fraîchement moulu

VINAIGRETTE
- 1 c. à café (1 c. à thé) de moutarde de Dijon
- 1 c. à soupe de vinaigre de vin rouge
- 1 gousse d'ail écrasée
- Sel
- 3 c. à soupe d'huile d'olive vierge
- 2 c. à soupe de menthe fraîche, hachée
- 2 c. à soupe de ciboulette fraîche, hachée

Cette salade de pommes de terre toute simple est étonnante. Elle contient 3 variétés de pommes de terre qui se marient très bien visuellement.

- Couper les pommes de terre avec leur pelure en tranches de 0,5 cm (¹/₄ po) d'épaisseur, de préférence avec une mandoline. Cuire les pommes de terre séparément dans des casseroles d'eau bouillante salée de 4 à 5 min, jusqu'à ce qu'elles soient tout juste tendres, puis les retirer de l'eau à l'aide d'une écumoire et les placer dans un bol.

- Faire la vinaigrette en fouettant la moutarde avec le vinaigre, l'ail et un peu de sel, puis incorporer l'huile en fouettant de nouveau. Ajouter les herbes, puis mélanger la vinaigrette avec les tranches de pomme de terre chaudes. Rectifier l'assaisonnement et servir chaud.

Salade monégasque aux sardines grillées

4 portions

La salade monégasque ressemble à la salade niçoise. Elle est généralement servie telle quelle, mais je préfère qu'on y ajoute du poisson grillé. Le maquereau, tout comme les sardines, convient aussi à ce plat.

• Cuire les haricots verts et les pommes de terre avec leur pelure dans 2 casseroles d'eau bouillante salée jusqu'à ce que les légumes soient tout juste tendres, puis bien égoutter.

• Pour faire la vinaigrette, fouetter le vinaigre, l'ail, la moutarde et un peu de sel dans un grand bol, puis ajouter l'huile et fouetter de nouveau. Ajouter les pommes de terre et les haricots à la vinaigrette, mettre ensuite tous les autres ingrédients, sauf les sardines. Remuer doucement, puis saler et poivrer.

• Faire chauffer une poêle à fond strié et la badigeonner d'un peu d'huile. Déposer les filets de sardine sur la grille et cuire de 2 à 3 min de chaque côté, jusqu'à ce qu'ils soient dorés. Disposer la salade sur des assiettes de service, garnir des sardines grillées, puis y verser en filet un peu de la vinaigrette qui reste dans le bol.

INGRÉDIENTS

- 150 g (5 oz) de haricots verts
- 225 g (8 oz) de petites pommes de terre nouvelles
- 4 filets d'anchois coupés en languettes
- 2 c. à café (2 c. à thé) de très petites câpres, rincées et égouttées
- 4 radis très finement coupés
- 12 olives noires dénoyautées
- 1 branche de céleri finement tranchée
- 12 tomates cerises coupées en deux
- 2 œufs cuits dur, coupés en quartiers
- 4 x 225 g (8 oz) de sardines fraîches, en filet
- Sel et poivre noir fraîchement moulu

Pommes de terre chaudes à la coriandre

4 portions

Ce n'est pas vraiment une salade, me direz-vous, mais j'aime la servir comme si c'en était une. Ce plat embaumera la pièce, car d'appétissantes saveurs s'en dégageront, tout particulièrement lorsque vous soulèverez le couvercle de la casserole.

• Préchauffer le four à 200 °C (400 °F). Chauffer l'huile d'olive dans une casserole allant au four, ajouter les pommes de terre et les faire griller jusqu'à ce qu'elles soient dorées de tous les côtés. Assaisonner légèrement, couvrir, mettre au four et cuire de 15 à 20 min, jusqu'à ce qu'elles soient tendres. Retirer le plat du four et mettre à feu moyen. Verser le vin et parsemer de graines de coriandre broyées, puis déposer un couvercle hermétique sur le plat et laisser cuire à la vapeur de 5 à 8 min, jusqu'à ce que le liquide soit évaporé. Retirer le couvercle, assaisonner au goût et servir.

- 4 c. à soupe d'huile d'olive
- 450 g (1 lb) de pommes de terre nouvelles, coupées en deux, mais non pelées
- 120 ml (½ tasse) de vin blanc sec
- 2 c. à soupe de graines de coriandre légèrement broyées
- Sel et poivre noir fraîchement moulu

VINAIGRETTE

- 2 c. à soupe de vinaigre de vin blanc de bonne qualité
- 2 gousses d'ail écrasées
- 1 c. à café (1 c. à thé) de moutarde de Dijon
- 6 c. à soupe d'huile d'olive, plus quantité supplémentaire pour faire griller

Pommes de terre et fenouil grillés à la niçoise

4 portions

PRÉPARATION

- 3 bulbes de fenouil
- 350 g (12 oz) de grosses pommes de terre nouvelles
- 4 c. à soupe d'huile d'olive
- Sel et poivre noir fraîchement moulu

VINAIGRETTE
- 1 gousse d'ail hachée
- 8 feuilles de basilic fraîches
- Sel et poivre
- 2 poivrons rouges, rôtis, pelés, épépinés et finement hachés
- 10 olives noires, dénoyautées et finement hachées
- 2 oignons verts ou oignons nouveaux finement hachés
- 4 filets d'anchois finement hachés
- 5 c. à soupe d'huile d'olive
- Le jus de ½ citron

Une salade simple, mais savoureuse, remplie des franches saveurs de Provence. Ne vous en faites pas si vous n'avez ni pilon ni mortier pour la vinaigrette. Utilisez alors un mélangeur à main.

• Enlever toutes les feuilles du fenouil et réserver. Peler le fenouil à l'aide d'un épluche-légumes pour enlever la couche extérieure fibreuse. Couper chaque bulbe en deux dans le sens de la longueur, puis couper chaque morceau en huit. Couper un peu de la racine de chaque morceau, mais prendre soin de laisser les couches attachées à l'extrémité de la racine.

• Porter à ébullition 2 casseroles d'eau. Ajouter le fenouil dans l'une et les pommes de terre nouvelles dans l'autre. Cuire le fenouil de 3 à 4 min, puis l'égoutter dans une passoire. Faire cuire les pommes de terre jusqu'à ce qu'elles soient tout juste tendres quand on les pique avec un couteau. Les égoutter dans une passoire et les laisser légèrement refroidir avant de les couper en deux dans le sens de la longueur. Chauffer une poêle à fond strié, remuer les morceaux de fenouil et les pommes de terre dans l'huile d'olive, puis saler et poivrer. Les cuire dans la poêle, en les retournant souvent, jusqu'à ce qu'ils soient dorés et tendres.

• Entre-temps, préparer la vinaigrette. Mettre l'ail, le basilic et une bonne pincée de sel dans un mortier, puis réduire en pâte. Incorporer le reste des ingrédients et assaisonner au goût.

• Placer les pommes de terre et le fenouil dans un bol, y verser la vinaigrette et garnir des feuilles de fenouil réservées.

Aloo chat (Salade indienne)

4 portions

Cette salade, servie à température de la pièce, est extraordinaire avec un chutney de pomme acidulée et de raisin. Cela constitue également un complément intéressant à un repas asiatique.

• Faire chauffer le beurre clarifié ou clarifier le beurre dans une poêle à frire, ajouter l'oignon et cuire à feu doux jusqu'à ce qu'il soit translucide. Ajouter les pommes de terre, le piment, le curcuma, la coriandre, les graines de cumin et un peu de sel. Frire ensuite de 10 à 15 min, jusqu'à ce que les pommes de terre soient légèrement brunes.

• Ajouter l'eau et porter à ébullition. Réduire à feu doux et cuire lentement jusqu'à ce qu'il ne reste plus de liquide et que les pommes de terre soient tendres. Laisser refroidir, puis disposer dans un plat de service. Parsemer de copeaux de noix de coco et de feuilles de coriandre avant de servir.

UN PETIT TRUC : Pour obtenir des copeaux de noix de coco, couper une noix de coco en deux à l'aide d'une scie, puis vider le liquide. Avec un rouleau à pâtisserie, frapper fermement la base de la noix de coco pour dégager la chair. Passer ensuite un couteau sur le bord, entre la coque et la pulpe – la pulpe devrait se détacher d'un seul morceau. Couper en copeaux à l'aide d'un épluche-légumes ou d'une mandoline.

PRÉPARATION

• 100 g (4 oz) de beurre clarifié (voir Un petit truc, p. 151)
• 1 petit oignon finement haché
• 450 g (1 lb) de petites pommes de terre pelées et coupées en deux dans le sens de la longueur
• 1 petit piment chili rouge, épépiné et finement tranché
• 1 c. à café (1 c. à thé) de curcuma moulu
• 2 c. à café (2 c. à thé) de coriandre moulue
• 1 c. à café (1 c. à thé) de graines de cumin grillées rapidement dans une poêle à frire sans corps gras
• Sel
• 150 ml (env. ²/₃ tasse) d'eau
• La chair de ¹/₂ petite noix de coco coupée en copeaux (voir Un petit truc)
• Feuilles de coriandre fraîche

Salade servie dans une pomme de terre au four

4 portions

Cette recette est une adaptation d'une idée de Todd English, chef réputé du restaurant Olives, à Boston. J'aime bien le fait de farcir une pomme de terre en robe des champs d'une salade - ici, j'ai utilisé une variante de salade Waldorf, qui est délicieuse avec les pommes de terre au four.

• Cuire les pommes de terre au four jusqu'à ce qu'elles soient tendres (voir p. 68), puis trancher le dessus de chacune. À l'aide d'une cuillère, enlever un peu de la chair au centre, puis la jeter. Dans un saladier, mélanger les feuilles de salade, les pommes, les noix, le céleri et le jambon.

• Pour faire la vinaigrette, fouetter la moutarde, l'estragon, les oignons verts ou les oignons nouveaux et le vinaigre, puis ajouter l'huile d'olive graduellement et fouetter jusqu'à ce que le tout soit bien émulsifié. Verser la vinaigrette dans le saladier, saler, poivrer et bien remuer. Farcir les pommes de terre de salade, parsemer de roquefort émietté et servir immédiatement.

Salade de pommes de terre au safran, poire et fenouil

4 portions

• Cuire les pommes de terre avec leur pelure dans de l'eau bouillante salée jusqu'à ce qu'elles soient tendres, bien les égoutter et les laisser reposer jusqu'à ce qu'elles soient assez froides pour être manipulées. Peler les pommes de terre, puis les couper en tranches de 0,5 cm (¹⁄₄ po) d'épaisseur et les mettre dans un grand bol.

• Pour faire la vinaigrette, fouetter tous les ingrédients, puis verser la vinaigrette sur les pommes de terre et bien remuer. Assaisonner au goût et laisser reposer environ 30 min.

• Trancher le fenouil très mince, de préférence avec une mandoline (réserver les feuilles pour la garniture) et l'ajouter aux pommes de terre. Peler, évider et trancher finement la poire, l'ajouter aux pommes de terre et remuer. Rectifier l'assaisonnement, garnir et servir.

INGRÉDIENTS

- 4 grosses pommes de terre
- ¹⁄₂ chicorée coupée en lanières
- 25 g (1 oz) de roquette
- 2 pommes granny smith évidées et hachées
- 2 c. à soupe de noix de Grenoble hachées
- 1 branche de céleri tranchée
- 75 g (3 oz) de jambon cuit, coupé en lanières
- Sel et poivre noir fraîchement moulu
- 75 g (3 oz) de roquefort émietté

VINAIGRETTE
- 1 c. à café (1 c. à thé) de moutarde de Dijon
- 1 c. à soupe d'estragon haché
- 2 oignons verts ou oignons nouveaux finement tranchés
- 1 c. à soupe de vinaigre de cidre
- 4 c. à soupe d'huile d'olive

- 350 g (³⁄₄ lb) de pommes de terre
- 2 bulbes de fenouil
- 1 grosse poire conférence ou Bosc mûre

VINAIGRETTE
- 4 c. à soupe d'huile d'olive
- 2 c. à soupe d'huile de noix
- 1 c. à soupe de vinaigre de xérès
- Une bonne pincée de brins de safran
- 2 c. à soupe de miel
- Sel et poivre noir fraîchement moulu

PURÉES, GNOCCHIS ET DUMPLINGS

La purée de pommes de terre est l'élément de réconfort par excellence. C'est une purée riche et crémeuse qui semble éternellement associée à l'enfance. Pourtant, récemment, elle s'est retrouvée sous les feux des projecteurs, car des chefs y ont ajouté du beurre, de la crème et de l'huile ainsi que de nouvelles saveurs. J'ai fait ma part pour réinventer la purée, et vous trouverez dans ce chapitre quelques-unes de mes purées préférées. La Purée d'oignon et de bacon grillés et la Purée de truffe, de morille et de maïs font partie de celles-ci. Mais je vous ai aussi donné le secret de la purée de base, dans La purée parfaite.

Les dumplings ne sont pas aussi populaires que les purées, mais ils mériteraient de l'être. En Europe du Nord, ils constituent une forme d'art – délicats et légers comme une plume, ils sont le véhicule idéal pour absorber les riches bouillons d'une soupe ou d'un ragoût. Les pommes de terre font des dumplings très légers, comme les petits Gnocchis traditionnels aux pommes de terre qui sont pochés et servis avec une sauce. Comme plusieurs recettes contenant des pommes de terre, ils se prêtent à de nombreuses variantes : vous pouvez modifier la recette de base en lui ajoutant divers parfums ou, si vous voulez faire un changement radical, goûtez aux Gnocchis aux patates douces, parfumés au basilic, sauce au poivron rouge.

La purée parfaite

Tout le monde sait faire une purée, mais très peu savent la faire correctement. Pour obtenir une purée parfaite, voici quelques trucs :

• *Utiliser une pomme de terre comme la Desiree ou la Yukon Gold.*

• *Peler les pommes de terre juste avant de les cuire, sinon elles durciront.*

• *Placer les pommes de terre dans une casserole d'eau froide et porter à ébullition, plutôt que de les mettre directement dans l'eau bouillante.*

• *Ne pas faire cuire les pommes de terre trop longtemps, car elles se déferont et se transformeront en bouillie.*

• *Les mettre en purée sans attendre, sinon elles deviendront visqueuses.*

• *Bien les imprégner de beurre pour leur donner une consistance veloutée.*

• *Mélanger le lait chaud graduellement, car la teneur en amidon varie selon les pommes de terre. En ajouter trop peut les rendre trop liquides.*

• *Servir la purée dès qu'elle est terminée, car de la purée réchauffée n'est pas aussi bonne.*

Recette de base de la purée parfaite

4 portions

• Mettre les pommes de terre dans une casserole, les couvrir d'eau froide, ajouter un peu de sel et porter à ébullition. Réduire à feu doux et laisser mijoter jusqu'à ce qu'elles soient tendres. Bien les égoutter dans une passoire, puis les remettre dans la casserole. Les réduire en purée à l'aide d'un pilon ou les passer au presse-purée ou dans un tamis.

• Incorporer le beurre avec une cuillère de bois, puis mélanger peu à peu le lait chaud, puis la crème, en utilisant juste assez de crème pour obtenir la consistance désirée. Mélanger jusqu'à ce que la purée soit légère et claire, puis assaisonner au goût. La purée devrait être riche en beurre, crémeuse et veloutée. Voilà, vous avez la purée parfaite !

Ingrédients :

• 900 g (2 lb) de pommes de terre de même grosseur, pelées et coupées en morceaux
• 100 g (4 oz) de beurre non salé
• Environ 100 ml (3 1/2 oz) de lait à 3,25 %, chaud
• 4 c. à soupe de crème à 35 %
• Sel et poivre noir fraîchement moulu

Purée dorée au whisky avec un filet de vinaigre balsamique

VARIATION SUR LA PURÉE PARFAITE

- 750 g (1 lb 10 oz) de patates douces
- Le jus et le zeste finement râpé de ½ citron
- Une pincée de muscade fraîchement râpée
- ¼ c. à café (¼ c. à thé) de cannelle moulue
- ¼ c. à café (¼ c. à thé) de piment de la Jamaïque
- 40 g (1 ½ oz) de cassonade foncée, molle
- 4 c. à soupe de vinaigre balsamique, plus une petite quantité pour le service
- 2 c. à soupe de whisky
- Sel et poivre noir fraîchement moulu

Cette façon à l'américaine de servir les patates douces avec des épices douces et du whisky peut avoir l'air d'un mélange invraisemblable, mais en vérité, ce mélange est extrêmement réussi. Le vinaigre aide à atténuer le petit côté sucré. Servir avec le poulet grillé ou rôti.

• Préchauffer le four à 200 °C (400 °F). À l'aide d'un petit couteau pointu, percer les patates douces à plusieurs endroits, puis les déposer sur une tôle à biscuits et cuire de 45 à 50 min, jusqu'à ce qu'elles soient tendres. Laisser refroidir, puis les couper en deux et enlever la chair. Mettre dans un robot culinaire, ajouter le jus et zeste de citron, les épices, du sel, puis mélanger jusqu'à ce que la purée soit onctueuse.

• Mêler la cassonade, le vinaigre et le whisky dans une petite casserole et porter à ébullition. Faire mijoter jusqu'à la formation d'un caramel clair, puis l'ajouter aux patates douces et bien mélanger. Goûter et rectifier l'assaisonnement au besoin. Mettre la purée dans un plat de service, verser un peu de vinaigre balsamique en filet et servir.

Purée d'oignon et de bacon grillés

VARIATION SUR LA PURÉE PARFAITE

- 2 oignons rouges
- 3 c. à soupe d'huile d'olive
- 150 g (5 oz) de bacon entrelardé
- 1 Recette de base de la purée parfaite (voir p. 44)
- Sel et poivre noir fraîchement moulu

C'est sans doute ma purée préférée. L'arôme de fumée des oignons rouges grillés et le bacon croustillant associé à la texture veloutée de la purée - c'est aussi bon que ce que ça annonçait !

• Faire chauffer une plaque ou une poêle à fond strié. Peler les oignons et les couper en tranches de 0,5 cm (¼ po) d'épaisseur en essayant de conserver les tranches intactes. Badigeonner d'huile d'olive, saler et poivrer, puis faire griller de 5 à 8 min de chaque côté jusqu'à ce qu'elles soient dorées et tendres. Retirer de la plaque ou de la poêle et laisser reposer jusqu'à ce qu'elles soient assez froides pour être manipulées, puis les couper en petits dés. Faire griller le bacon de 4 à 5 min de chaque côté, puis le couper en petits dés. Ajouter l'oignon et le bacon à la purée et rectifier l'assaisonnement. Servir.

Purée de panais, pommes de terre, miel et moutarde

• Mettre les panais et les pommes de terre dans une casserole, les couvrir d'eau froide, ajouter un peu de sel et porter à ébullition. Réduire à feu doux et laisser mijoter jusqu'à ce que les légumes soient presque tendres. Les égoutter dans une passoire, puis les remettre dans la casserole.

• Verser le lait et cuire encore de 5 à 8 min, jusqu'à ce que les pommes de terre soient tendres.

• Retirer du feu, ajouter le beurre, la crème, le miel et la moutarde, puis réduire en purée au pilon jusqu'à ce que le tout soit onctueux. Assaisonner au goût.

- 400 g (14 oz) de panais pelés et coupés en morceaux
- 250 g (9 oz) de pommes de terre pelées et coupées en morceaux
- 150 ml (env. ²/₃ tasse) de lait à 3,25 %, chaud
- 50 g (2 oz) de beurre non salé
- 4 c. à soupe de crème à 35 %
- 1 c. à soupe de miel
- 2 c. à soupe de moutarde à l'ancienne ou de moutarde de Meaux
- Sel et poivre noir fraîchement moulu

Purée de ratatouille garnie de beurre aux olives

C'est l'un de mes chefs à l'hôtel Lanesborough, à Londres, qui a créé ce plat. Par mégarde, il a suggéré de mélanger de la ratatouille avec des pommes de terre crémeuses. J'y ai goûté et c'est devenu l'une des façons de servir les purées à l'hôtel. Délicieux avec l'agneau !

• Pour faire le beurre aux olives, mélanger le beurre avec les olives et le jus de citron, puis assaisonner au goût. Mettre le beurre sur une feuille de papier d'aluminium et l'envelopper dans le papier en formant un cylindre. Placer au réfrigérateur pendant 2 h pour qu'il durcisse.

• Pour faire la ratatouille, faire chauffer l'huile d'olive dans une poêle à frire, ajouter l'oignon et l'ail et frire jusqu'à ce qu'ils soient tout juste dorés. Ajouter le reste des légumes et cuire à feu doux de 8 à 10 min, jusqu'à ce qu'ils soient ramollis. Mettre ensuite le tout dans un bol, incorporer la purée de pommes de terre et les herbes, puis assaisonner au goût.

• Couper le beurre aux olives en tranches de 0,5 cm (¼ po) d'épaisseur et en garnir la purée. Servir.

- 4 c. à soupe d'huile d'olive
- 1 petit oignon finement haché
- 3 gousses d'ail écrasées
- 50 g (2 oz) d'aubergine coupée en dés de 1 cm (½ po)
- ¼ poivron rouge, épépiné et coupé en fins dés
- ¼ poivron jaune, épépiné et coupé en fins dés
- 1 petite courgette verte, coupée en fins dés
- 1 petite courgette jaune, coupée en fins dés
- 1 tomate italienne, pelée, épépinée et finement hachée
- ½ Recette de base de la purée parfaite (voir p. 44)
- 1 c. à soupe de basilic frais, haché
- ½ c. à café (½ c. à thé) de feuilles de thym
- Sel et poivre noir fraîchement moulu

BEURRE AUX OLIVES
- 50 g (2 oz) de beurre non salé
- 1 c. à soupe d'olives noires, hachées
- 1 c. à café (1 c. à thé) de jus de citron

Purée de pommes de terre au wasabi

- 750 g (1 lb 10 oz) de pommes de terre pelées et coupées en morceaux
- 50 g (2 oz) de beurre non salé
- 120 ml (½ tasse) de lait à 3,25 %, chaud
- 2 c. à café (2 c. à thé) de wasabi (raifort japonais)
- 2 c. à soupe de ciboulette hachée, de ciboule ou d'échalote
- Sel et poivre noir fraîchement moulu

Il m'arrive fréquemment de faire une purée au raifort, et c'est souvent pour accompagner le rôti de bœuf. Cela m'a donné l'idée d'aller encore plus loin et d'utiliser du wasabi - un raifort japonais qui a une saveur extrêmement forte. Soyez très prudents quand vous en ajoutez à la purée. Souvenez-vous que vous pouvez toujours en ajouter, mais pas en enlever.

Cette purée est excellente avec tous les plats orientaux et peut facilement remplacer le riz ou les nouilles. C'est également très bon avec le saumon fumé, croyez-le ou non !

• Mettre les pommes de terre dans une casserole, les couvrir d'eau froide, ajouter un peu de sel et porter à ébullition. Réduire à feu doux et laisser mijoter jusqu'à ce qu'elles soient tendres. Les égoutter dans une passoire, puis les remettre dans la casserole. Les réduire en purée à l'aide d'un pilon ou les passer au presse-purée ou dans un tamis.

• Mélanger le beurre à l'aide d'une cuillère de bois, puis verser le lait chaud petit à petit. Ajouter le wasabi et mélanger jusqu'à ce que la purée soit légère et claire. Assaisonner au goût, puis incorporer la ciboulette, la ciboule ou l'échalote.

Purée de pois chiches à l'huile d'olive

- 125 g (4 ½ oz) de pois chiches qui ont trempé dans l'eau froide toute la nuit
- 2 gousses d'ail écrasées
- ½ Recette de base de la purée parfaite (voir p. 44)
- 5 c. à soupe d'huile d'olive fruitée
- 1 c. à soupe d'huile de sésame
- Une pincée de cayenne
- Sel et poivre noir fraîchement moulu

Égoutter les pois chiches, les mettre dans une casserole, les couvrir d'eau fraîche et porter à ébullition. Réduire à feu doux et laisser mijoter de 1 h à 1 h 30, jusqu'à ce qu'ils soient tout à fait tendres. Égoutter et réserver l'eau de cuisson. Passer les pois chiches au mélangeur avec l'ail, un peu de sel et assez d'eau de cuisson pour obtenir une consistance épaisse et crémeuse. Ajouter cette purée à la purée de pommes de terre chaude, puis mélanger l'huile d'olive et l'huile de sésame jusqu'à ce qu'elles soient bien absorbées. Rectifier l'assaisonnement, mettre dans un plat de service et saupoudrer de cayenne.

Purée de truffe, de morille et de maïs

Voici une purée que l'on peut qualifier de gastronomique. Faite avec des truffes noires fraîches et des champignons sauvages, elle est particulièrement savoureuse avec le poulet et le bœuf.

• Faire tremper les champignons séchés dans 120 ml (¹/₂ tasse) d'eau chaude pendant 1 h, puis les égoutter et les couper grossièrement. Réserver.

• Mettre les pommes de terre dans une casserole, les couvrir d'eau froide, ajouter un peu de sel et porter à ébullition. Réduire à feu doux et laisser mijoter jusqu'à ce qu'elles soient tendres. Entre-temps, à l'aide d'un petit couteau pointu, égrener les épis de maïs. Les mettre dans une casserole, couvrir de lait et porter à ébullition. Réduire à feu doux et laisser mijoter de 10 à 12 min, jusqu'à ce que le maïs soit tendre. Passer ensuite au mélangeur jusqu'à l'obtention d'une purée onctueuse.

• Égoutter les pommes de terre dans une passoire, puis les remettre dans la casserole. Faire une purée à l'aide d'un pilon ou les passer à travers un presse-purée ou un tamis. Incorporer la purée de maïs à la purée de pommes de terre chaude.

• Faire chauffer la moitié du beurre dans une poêle à frire, ajouter les morilles et les truffes, puis les faire sauter de 1 à 2 min. Assaisonner au goût et mélanger à la purée. Incorporer la crème et rectifier l'assaisonnement. Faire frire les languettes de pain dans le reste du beurre jusqu'à ce qu'elles soient dorées. Placer les pommes de terre dans un bol de service et garnir avec les morceaux de pain.

PRÉPARATION

INGRÉDIENTS

- 10 g (¹/₄ oz) de morilles séchées
- 750 g (1 lb 10 oz) de pommes de terre pelées et coupées en morceaux
- 2 épis de maïs épluchés
- 150 ml (env. ²/₃ tasse) de lait à 3,25 %
- 25 g (1 oz) de beurre non salé
- 10 g (¹/₄ oz) de truffes noires fraîches, finement tranchées
- 100 ml (3 1/2 oz) de crème à 35 %
- 2 tranches de pain blanc, les croûtes enlevées, coupées en forme de doigt
- Sel et poivre noir fraîchement moulu

Purée de pommes de terre au mascarpone et aux tomates

Si simple et si savoureux ! Servez cette purée avec du saumon ou de la morue.

• Fouetter le mascarpone avec la purée. Incorporer soigneusement les ciboules ou les échalotes, puis les tomates. Servir immédiatement.

- 3 c. à soupe de fromage mascarpone à température de la pièce
- ¹/₂ Recette de base de la purée parfaite (voir p. 44)
- 4 ciboules ou échalotes finement tranchées
- 150 g (5 oz) de tomates séchées marinées, coupées en petits morceaux

Pansotti aux pommes de terre, au citron et à la ricotta, accompagnés de sauce aux noix

GARNITURE

- 1 kg (2 ¼ lb) de pommes de terre rouges
- 125 g (4 ½ oz) de ricotta
- 2 c. à soupe de lait
- 2 c. à soupe de persil italien, frais, haché
- Le zeste de 1 citron, finement haché
- ¼ c. à café (¼ c. à thé) de cannelle moulue
- Muscade fraîchement râpée
- Sel et poivre noir fraîchement moulu

- 2 c. à soupe de parmesan fraîchement râpé
- 25 g (1 oz) de beurre fondu

PÂTE

- 400 g (14 oz) de farine tout usage
- 3 c. à soupe de vin blanc sec
- 1 c. à soupe d'eau
- 1 œuf

SAUCE AUX NOIX

- 100 g (4 oz) de moitiés de noix de Grenoble
- 50 g (2 oz) de chapelure fraîche
- 40 g (1 ½ oz) de parmesan fraîchement râpé
- 100 g (4 oz) de ricotta
- 40 g (1 ½ oz) de pignons
- 4 c. à soupe de lait à 3,25 %
- 4 c. à soupe d'huile d'olive extra-vierge

Les pansotti sont une spécialité de la Ligurie, en Italie. Ce nom signifie petits ventres – une description excentrique de leur forme – et traditionnellement, ils sont garnis d'une farce aux herbes. Ma farce aux pommes de terre, citron et ricotta est également délicieuse.

• Pour faire la garniture, faire cuire les pommes de terre au four jusqu'à ce qu'elles soient tendres (voir p. 68). Les laisser reposer jusqu'à ce qu'elles soient assez froides pour être manipulées, les couper en deux, enlever la chair et la mettre dans un bol, puis l'écraser à la fourchette. Incorporer la ricotta, le lait, le persil, le zeste de citron et la cannelle, puis ajouter la muscade, le sel et le poivre et laisser refroidir.

• Pour faire la pâte, mettre la farine dans un grand bol et faire un puits au centre. Mélanger le vin, l'eau et l'œuf, puis verser ce liquide dans le puits. Ramener délicatement la farine au centre et bien mélanger pour former une pâte. La retourner et la pétrir de 4 à 5 min, puis la laisser reposer de 10 à 15 min. Passer la pâte entre les rouleaux d'une machine à faire les pâtes en commençant par le réglage le plus large pour en arriver graduellement au plus étroit, puis la couper en triangles de 7,5 cm (3 po). Déposer un peu de la garniture de pommes de terre au centre de chaque triangle, badigeonner les bords de la pâte d'un peu d'eau et plier le triangle en deux en pressant fermement pour bien sceller le tout.

• Pour faire la sauce, faire mijoter les noix dans l'eau bouillante de 4 à 5 min, puis bien les égoutter et enlever la mince peau brune qui les recouvre. Placer les noix, la chapelure et le parmesan dans un mélangeur, ajouter la ricotta et les pignons, puis mélanger jusqu'à consistance onctueuse. Incorporer le lait et l'huile d'olive, puis assaisonner au goût. Faire pocher les pansotti dans une grande casserole d'eau bouillante salée de 3 à 4 min jusqu'à ce qu'ils soient tendres, puis les égoutter. Les disposer sur un plat de service et y verser la sauce aux noix. Parsemer de parmesan et verser du beurre fondu autour.

PURÉES, GNOCCHIS ET DUMPLINGS   49

Pommes de terre à l'irlandaise

4 portions

Si l'on en croit le folklore irlandais, ce plat d'Irlande du Nord devrait toujours être fait avec du babeurre. On l'appelle champ, stelk *ou* cally.

• Mettre les pommes de terre dans une grande casserole, couvrir d'eau froide, ajouter un peu de sel et porter à ébullition. Réduire à feu doux et laisser mijoter jusqu'à ce qu'elles soient tendres. Égoutter dans une passoire, remettre à feu doux et laisser reposer environ 2 min, jusqu'à ce qu'elles soient sèches.

• Dans une autre casserole, faire chauffer le babeurre ou le lait, la crème et la moitié du beurre. Ajouter les ciboules ou les échalotes et cuire doucement 5 min pour qu'elles soient à peine cuites.

• Mettre les pommes de terre en purée jusqu'à ce qu'elles soient onctueuses puis, à l'aide d'une cuillère de bois, incorporer petit à petit le babeurre ou le lait et le mélange d'oignon pour donner une consistance légère et mousseuse. Assaisonner au goût, mettre dans un plat de service et faire un puits au centre. Ajouter le reste du beurre et servir immédiatement. Quand le beurre glisse des pommes de terre, on peut observer ses invités alors qu'ils font un effort pour avoir un petit peu de beurre et de cette onctueuse purée.

PRÉPARATION

INGRÉDIENTS

• 1 kg (2 ¼ lb) de pommes de terre pelées et coupées en morceaux
• 200 ml (7 oz) de babeurre ou de lait à 3,25 %
• 100 ml (3 ½ oz) de crème à 35 %
• 75 g (3 oz) de beurre non salé froid, coupé en petits morceaux
• Un bouquet de ciboules ou d'échalotes hachées
• Sel et poivre noir fraîchement moulu

Gnocchis traditionnels aux pommes de terre

- 900 g (2 lb) de pommes de terre pelées et coupées en morceaux
- 275 g (10 oz) de farine tout usage
- 1 œuf
- Muscade fraîchement râpée
- Sel et poivre noir fraîchement moulu

Voici la recette de base des gnocchis ou petits dumplings aux pommes de terre, de l'hôtel Lanesborough, à Londres. Très polyvalents, ils constituent un aliment important de la cuisine italienne. On peut ajouter à la pâte des fines herbes, des champignons cuits finement hachés ou d'autres parfums.

Servir les gnocchis avec du beurre fondu, de la sauce tomate ou une autre sauce au choix.

• Mettre les pommes de terre dans une casserole, couvrir d'eau froide, ajouter un peu de sel et porter à ébullition. Réduire à feu doux et laisser mijoter jusqu'à ce qu'elles soient tendres, bien égoutter et assécher dans un linge à vaisselle propre. Frotter les pommes de terre sur un tamis à mailles fines au-dessus d'un grand bol.

• Incorporer la farine, ajouter l'œuf, la muscade, le sel et le poivre. Bien mélanger et déposer sur un plan de travail légèrement enfariné. Pétrir pendant 2 à 3 min pour former une pâte lisse, un peu élastique. Les mains légèrement enfarinées, rouler la pâte en longs cylindres de 2 cm (³/₄ po) de diamètre, puis la couper en morceaux de 2 cm (³/₄ po) de longueur. Rouler doucement chaque morceau sur les dents d'une fourchette pour obtenir des rainures sur toute la surface. Les déposer sur une tôle à biscuits enfarinée jusqu'au moment de la cuisson.

• Porter une grande casserole d'eau à ébullition, réduire à feu doux pour que l'eau mijote et ajouter une partie des gnocchis, en faisant attention de ne pas en mettre trop. Pocher les pâtes de 3 à 4 min, jusqu'à ce qu'elles remontent à la surface. Les retirer à l'aide d'une écumoire, bien les égoutter et garder au chaud dans un plat pendant le reste de la cuisson. Faire cuire ainsi toutes les pâtes.

Gnocchis aux patates douces,
parfumés au basilic, sauce au poivron rouge

4 portions

• Pour faire la sauce aux poivrons rouges, faire chauffer l'huile d'olive et le beurre dans une casserole, ajouter l'oignon et l'ail et cuire à feu doux de 3 à 4 min, jusqu'à ce qu'ils soient ramollis. Verser le vin et porter à ébullition, puis ajouter les poivrons et le coulis de tomate et cuire de 5 à 8 min. Verser le bouillon et porter de nouveau à ébullition. Ajouter les fines herbes et faire mijoter pendant 20 min. Passer la sauce au mélangeur jusqu'à ce qu'elle soit homogène, puis saler et poivrer.

• Pour faire les gnocchis, préchauffer le four à 200 °C (400 °F). Mettre les patates douces sur une tôle à biscuits et cuire jusqu'à ce qu'elles soient tendres. Les couper en deux et, à l'aide d'une cuillère, creuser pour enlever la chair. Passer au mélangeur ou à travers un tamis pour obtenir une purée onctueuse. Mettre dans un bol, ajouter l'œuf, la farine et 75 g (3 oz) de parmesan. Saler et poivrer, puis mélanger le tout pour obtenir une pâte homogène, assez ferme. Former de traditionnels gnocchis italiens (voir p. 51) ou façonner simplement la pâte en forme de boules.

• Cuire une partie des gnocchis (il faudra répéter l'opération jusqu'à ce que tous les gnocchis soient cuits), de 5 à 8 min, dans une grande casserole d'eau qui mijote jusqu'à ce qu'ils soient complètement cuits (en couper un pour vérifier). Les retirer de l'eau avec une écumoire et les disposer sur un plat allant au four. Mettre le beurre dans une casserole avec 3 c. à soupe d'eau et porter à ébullition pour que le beurre fonde. Ajouter le basilic et laisser mijoter 1 min, puis verser ce mélange sur les gnocchis. Parsemer du reste du parmesan et mettre dans un four préchauffé à 200 °C (400 °F) pendant 5 min, jusqu'à ce que le fromage fasse des bulles et soit doré. Réchauffer la sauce au poivron et verser dans 4 assiettes. Ajouter des gnocchis dans chacune d'entre elles et servir.

• 650 g (env. 1 ½ lb) de patates douces
• 1 œuf
• 175 g (6 oz) de farine tout usage
• 100 g (4 oz) de parmesan fraîchement râpé
• 75 g (3 oz) de beurre non salé
• Un bon bouquet de basilic frais, haché
• Sel et poivre noir fraîchement moulu

SAUCE AUX POIVRONS

• 1 c. à soupe d'huile d'olive
• 25 g (1 oz) de beurre non salé
• 1 petit oignon haché
• 1 gousse d'ail écrasée
• 5 c. à soupe de vin blanc sec
• 2 gros poivrons rouges, épépinés et hachés
• 1 c. à soupe de coulis de tomate
• 150 ml (env. ⅔ tasse) de bouillon de poulet ou de légumes
• Quelques feuilles de basilic frais
• Un bouquet de thym frais

Nouilles aux pommes de terre garnies de crevettes dans leur jus

- 400 g (14 oz) de pommes de terre
- 50 g (2 oz) de parmesan fraîchement râpé
- 150 g (5 oz) de farine tout usage
- 2 œufs légèrement battus
- 50 g (2 oz) de beurre non salé, fondu
- Sel et poivre noir fraîchement moulu
- Feuilles de cerfeuil frais pour la garniture

CREVETTES

- 4 c. à soupe d'huile d'olive
- 20 crevettes tigrées, crues, décortiquées et les veines enlevées (voir Un petit truc p. 137) – réserver les têtes et les carapaces
- 100 g (4 oz) d'un mélange de carotte, de poireau et d'oignon finement hachés
- 2 c. à soupe de brandy
- 100 ml (3 ½ oz) de vin blanc sec
- 1 c. à soupe de coulis de tomate
- 150 ml (env. ⅔ tasse) de crème à 35 %
- 25 g (1 oz) de beurre non salé, coupé en petits morceaux

PRÉPARATION

• Préchauffer le four à 200 °C (400 °F). Envelopper chaque pomme de terre dans du papier d'aluminium (cela les rend plus tendres et plus faciles à peler) et les faire cuire jusqu'à ce qu'elles soient tendres, puis enlever le papier et les peler. Passer la chair de pomme de terre au presse-purée ou dans un tamis et la mettre dans un grand bol. Incorporer le parmesan, la farine, du sel et du poivre. Faire un puits au centre, y verser les œufs et mélanger pour former une pâte. Pétrir la pâte de 1 à 2 min, puis l'envelopper dans de la pellicule plastique et laisser reposer 30 min.

• Former un long cylindre de pâte de 2,5 cm (1 po) de diamètre, puis le couper en tranches de 1 cm (½ po) d'épaisseur. Sur une surface enfarinée, en faire des nouilles en roulant chaque tranche sous la paume de la main jusqu'à ce qu'elle ressemble à une torpille d'environ 5 cm (2 po) de longueur. Placer sur une tôle à biscuits enfarinée et réserver.

• Pour les crevettes, faire chauffer l'huile d'olive dans une grande casserole, ajouter les têtes et les carapaces des crevettes réservées et les faire sauter quelques minutes à feu élevé. Ajouter les légumes hachés et cuire de 4 à 5 min, jusqu'à ce qu'ils soient ramollis. Verser le brandy, le vin, faire bouillir 5 min, puis incorporer le coulis de tomate et cuire encore 5 min. Ajouter assez d'eau pour couvrir les carapaces, porter à ébullition, puis réduire à feu doux. Ajouter la crème et laisser mijoter de 10 à 12 min, jusqu'à ce que le mélange soit assez épais pour napper le dos d'une cuillère. Au mélangeur ou au robot culinaire, pulvériser vivement le mélange, puis le passer dans un tamis à mailles fines au-dessus d'une casserole propre. Ajouter les crevettes et les pocher dans la sauce 2 min, jusqu'à ce qu'elles soient complètement cuites. Y fouetter le beurre froid, quelques morceaux à la fois, et assaisonner au goût. Garder au chaud.

• Pocher les nouilles aux pommes de terre dans une grande casserole d'eau bouillante salée de 2 à 3 min. Elles sont prêtes quand elles remontent à la surface. Les retirer à l'aide d'une écumoire, mélanger avec le beurre fondu et assaisonner au goût. Disposer sur des assiettes de service, puis y verser les crevettes dans leur sauce. Parsemer de feuilles de cerfeuil et servir.

Dumplings aux pommes de terre et à la citrouille

4 portions

Une façon typique en Europe du Nord de tirer le maximum des pommes de terre est de faire des Knödel à l'allemande, soit un genre de quenelles. On peut les servir seulement avec du beurre fondu, mais j'aime bien les servir aussi comme garniture d'un riche ragoût de bœuf et légumes.

• Faire chauffer la moitié du beurre dans une poêle à frire, ajouter les morceaux de citrouille et frire jusqu'à ce qu'ils soient dorés de tous les côtés. Saler, poivrer et ajouter l'eau. Réduire le feu, couvrir et cuire jusqu'à ce que la citrouille soit tendre. Laisser refroidir.

• Mettre les pommes de terre dans une casserole, couvrir d'eau froide, ajouter un peu de sel et porter à ébullition. Réduire à feu doux et laisser mijoter jusqu'à ce qu'elles soient tendres, puis bien les égoutter et en faire une purée onctueuse. Ajouter les jaunes d'œufs, la farine de maïs, la semoule, la moitié de la farine tout usage et le raifort. Ajouter la muscade, le sel et le poivre et bien mélanger.

• En utilisant les mains, faire avec ce mélange des dumplings de la grosseur d'une balle de golf, en pressant un morceau de citrouille au centre de chacun. Étendre le reste de la farine sur une tôle à biscuits ou une assiette et y rouler les dumplings jusqu'à ce qu'ils soient enfarinés de façon uniforme.

• Mettre les dumplings dans une grande casserole d'eau bouillante salée, réduire à feu doux et laisser mijoter de 15 à 20 min, jusqu'à ce qu'ils soient complètement cuits (en couper un pour vérifier). Entre-temps, faire fondre le reste du beurre. Retirer les dumplings de la casserole à l'aide d'une écumoire et les déposer sur une assiette de service. Verser le beurre fondu sur les dumplings et servir.

- 100 g (4 oz) de beurre non salé
- 125 g (4 ½ oz) de citrouille pelée, coupée en cubes de 1 cm (½ po)
- 100 ml (3 ½ oz) d'eau
- 1,5 kg (3 lb) de pommes de terre pelées et coupées en morceaux
- 3 jaunes d'œufs légèrement battus
- 3 c. à soupe de farine de maïs
- 3 c. à soupe de semoule
- 75 g (3 oz) de farine tout usage
- 2 c. à soupe de raifort fraîchement râpé
- Muscade fraîchement râpée
- Sel et poivre noir fraîchement moulu

GRATINS, PLATS AU FOUR ET RÔTIS

Dans ce chapitre, vous découvrirez des recettes de base classiques, comme les pommes de terre au four et les pommes de terre rôties ainsi qu'une grande variété de gratins. Le gratin le plus célèbre est, bien entendu, Le vrai dauphinois. Ce plat a toujours provoqué la controverse, mais si vous faites cuire lentement des tranches de pomme de terre dans beaucoup de crème, vous obtiendrez sûrement un plat délicieux, qu'il soit authentique ou pas. Une charmante variante de ce plat est La tentation de Jansson, un plat suédois qui comporte des anchois et des oignons. Ce qu'il est important de se rappeler au sujet des gratins, c'est qu'il faut les préparer dans le bon plat. Le plat doit être peu profond pour que le dessus puisse dorer également.

L'humble pomme de terre au four mérite parfois un meilleur traitement que d'être couronnée de la traditionnelle noix de beurre et parsemée de fromage râpé. Cette pomme de terre devient un magnifique contenant pour différentes saveurs – parmi mes préférées, notons le Soufflé de cheddar fumé à l'anglaise et la Feta, olives, pignons grillés et origan, mais les possibilités sont infinies.

Le vrai dauphinois

- 1 kg (2 ¼ lb) de pommes de terre
- 2 gousses d'ail écrasées
- Sel et poivre noir fraîchement moulu
- 125 g (4 ½ oz) de beurre non salé
- 2 œufs battus
- 300 ml (1 ¼ tasse) de crème à 35 %
- 425 ml (1 ¾ tasse) de lait à 3,25 %

Quel est le secret du véritable gratin dauphinois? C'est un sujet dont on parle depuis de nombreuses années, alors finalement, c'est peut-être une question de goût. Une chose est sûre, toutefois, il ne doit absolument pas contenir de fromage – bon, est-ce que je viens de lancer un nouveau débat?

- Préchauffer le four à 190 °C (375 °F). Peler les pommes de terre, les assécher et les trancher finement dans le sens de la longueur avec une mandoline. Frotter légèrement d'ail un plat de terre cuite allant au four, puis parsemer de sel. Badigeonner généreusement le plat d'une partie du beurre, disposer les tranches de pomme de terre en les faisant se chevaucher, puis saler et poivrer entre chaque couche.

- Mélanger les œufs avec la crème et le lait, puis couvrir les pommes de terre de ce mélange. Parsemer du reste du beurre. Commencer la cuisson des pommes de terre sur le poêle jusqu'à ce que le liquide se mette à bouillir. Puis placer le plat au four et cuire de 1 h à 1 h 15, jusqu'à ce que les pommes de terre soient tendres, qu'il ne reste presque plus de liquide et que la surface soit bien dorée. Servir à même le plat pendant que c'est très chaud.

Pommes de terre au fromage de chèvre, à la ciboulette et au thym

- 450 g (1 lb) de pommes de terre nouvelles
- 1 crottin de Chavignol, grossièrement émietté
- 5 c. à soupe de lait de chèvre
- 50 g (2 oz) de beurre non salé
- 1 c. à soupe de ciboulette hachée
- 1 c. à café (1 c. à thé) de feuilles de thym frais
- 100 ml (3 ½ oz) de crème à 35 %
- Gros sel et poivre noir fraîchement moulu

- Préchauffer le four à 200 °C (400 °F). Cuire les pommes de terre avec leur pelure dans de l'eau bouillante salée jusqu'à ce qu'elles soient tendres. Les égoutter et les laisser reposer jusqu'à ce qu'elles soient assez froides pour être manipulées. Peler les pommes de terre, les mettre dans un bol et les écraser légèrement à la fourchette. Incorporer le fromage de chèvre, le lait, le beurre et les herbes, puis saler et poivrer.

- Fouetter la crème légèrement, puis l'incorporer au mélange de pomme de terre. Mettre dans un plat à gratin beurré et cuire au four de 12 à 15 min, jusqu'à ce qu'une croûte dorée se forme. Servir très chaud, dès la sortie du four.

Brandade de flétan couronnée d'un gratin de crabe

- 600 ml (env. 2 ½ tasses) de lait à 3,25 %
- 450 ml (env. 1 ¾ tasse) de crème à 35 %
- 4 gousses d'ail écrasées
- 2 brins de thym
- 1 feuille de laurier
- 650 g (env. 1 ½ lb) de filet de flétan avec la peau
- 500 g (1 lb 2 oz) de pommes de terre pelées et coupées
- 6 c. à soupe d'huile d'olive, plus quantité supplémentaire pour verser en filet
- 4 c. à soupe de ciboulette hachée
- 6 c. à soupe de chapelure fraîche
- 200 g (7 oz) de chair blanche de crabe, fraîche
- 25 g (1 oz) de beurre non salé, ramolli
- Gros sel et poivre noir fraîchement moulu

SAUCE

- 150 ml (env. ⅔ tasse) de fumet de poisson
- 50 g (2 oz) de beurre non salé, coupé en petits morceaux
- 10 feuilles de basilic déchiquetées, plus quantité supplémentaire pour la garniture

PRÉPARATION

On fait habituellement la brandade avec de la morue salée, mais ici, j'ai utilisé du flétan. Mon élément préféré est la croûte de crabe, cela ajoute une texture croustillante à la chair crémeuse du flétan.

- Mettre le lait, la crème, l'ail, le thym, le laurier et du sel dans une casserole, puis porter à ébullition. Réduire à feu doux, ajouter les filets de flétan, puis les faire pocher de 10 à 12 min. Retirer le poisson à l'aide d'une écumoire et le mettre dans un grand bol. Ajouter les pommes de terre au liquide de cuisson et laisser mijoter jusqu'à ce qu'elles soient tendres. Retirer les pommes de terre à l'aide d'une écumoire, les mettre dans un autre bol et réduire en purée. Enlever la peau du flétan, puis ajouter le poisson à la purée de pommes de terre. Y fouetter l'huile d'olive et suffisamment de liquide de cuisson pour obtenir une brandade onctueuse. Rectifier l'assaisonnement, puis incorporer la ciboulette.

- Préchauffer le four à 200 °C (400 °F). Badigeonner de beurre 4 moules de métal de 10 à 12 cm (4 à 5 po), les placer dans un plat allant au four et les remplir de brandade. Égaliser la surface avec une spatule métallique. Mélanger la chapelure, la chair de crabe et le beurre ramolli, puis en parsemer le dessus de la brandade. Verser en filet un peu d'huile d'olive et cuire au four de 12 à 15 min. Entre-temps, préparer une sauce légère : mettre le fumet de poisson dans une casserole et porter à ébullition, puis y fouetter le beurre, quelques morceaux à la fois. Ajouter le basilic, puis saler et poivrer.

- Mettre les moules dans des assiettes de service, démouler et verser la sauce autour de la brandade. Garnir de basilic et servir.

Brik aux pommes de terre rouges, oignon et fromage aux herbes

4 portions

Dans la cuisine marocaine, le brik est un aliment de base. Il s'agit en fait de petits balluchons d'une pâte du genre filo passés en grande friture et contenant différentes garnitures comme des œufs, du thon ou des légumes. Dans cette recette, les tranches de pomme de terre remplacent le feuilleté. Est-ce une hérésie ou une simple marque de créativité ?

• Déposer les tranches de pomme de terre dans un bol, puis saler et poivrer. Faire fondre 75 g (3 oz) de beurre et le verser sur les pommes de terre pendant qu'il est encore chaud. Laisser ramollir pendant environ 30 min. Entre-temps, mélanger les dés de fromage avec les herbes et la crème fouettée, puis placer au réfrigérateur.

• Chauffer l'huile doucement dans une poêle, ajouter les oignons et cuire de 4 à 5 min, jusqu'à ce qu'ils soient ramollis. Ajouter la cassonade et cuire 5 min, jusqu'à ce que les oignons soient caramélisés. Les retirer de la poêle et les laisser refroidir.

• Faire chauffer le reste du beurre dans une casserole, ajouter les bettes à carde ou les épinards et cuire de 4 à 5 min, jusqu'à ce qu'ils soient tendres et que leur volume ait diminué. Saler et poivrer.

• Préchauffer le four à 190 °C (375 °F). Pour faire les briks, chauffer 4 poêles à blinis ou moules à tartelettes de 10 à 12 cm (4 à 5 po) de diamètre (la chaleur saisit les pommes de terre et aide à ce qu'elles ne collent pas). Égoutter l'excès de beurre des pommes de terre, puis disposer des tranches de pomme de terre qui se chevauchent dans chacun des moules en les laissant dépasser du bord. Étendre les bettes à carde ou les épinards sur les pommes de terre, garnir du mélange herbes-fromage, puis des oignons caramélisés. Replier les tranches de pomme de terre qui dépassent pour couvrir la garniture. Presser légèrement et déposer les moules dans un plat allant au four. Cuire de 25 à 30 min, jusqu'à ce que les pommes de terre soient dorées, complètement cuites et croustillantes. Refroidir légèrement, puis les retourner sur des assiettes de service et garder au chaud.

• Pour faire la sauce, faire bouillir ensemble le fumet de poisson et la crème jusqu'à ce que la sauce ait les deux tiers de son volume original. Ajouter les herbes, saler et poivrer au goût, puis verser autour des briks.

- 3 grosses pommes de terre rouges pelées et coupées dans le sens de la longueur en tranches de 0,3 cm (1/8 po) d'épaisseur
- 100 g (4 oz) de beurre non salé
- 200 g (7 oz) de fromage Neufchâtel coupé en dés de 1 cm (1/2 po) d'épaisseur
- 2 c. à soupe d'herbes fraîches mélangées, hachées, comme la ciboulette, le basilic, le persil, le cerfeuil et l'estragon
- 6 c. à soupe de crème à 35 % légèrement fouettée
- 2 c. à soupe d'huile d'olive
- 2 oignons rouges finement tranchés
- 1 c. à soupe de cassonade
- 125 g (4 1/2 oz) de bettes à carde ou d'épinards, les feuilles seulement
- Sel et poivre noir fraîchement moulu

SAUCE

- 150 ml (env. 2/3 tasse) de bouillon de poulet
- 100 ml (3 1/2 oz) de crème à 35 %
- 1 c. à soupe d'herbes fraîches mélangées, hachées

Gratin de pommes de terre nouvelles et d'artichauts de Jérusalem

4 portions

C'est bien dommage que les artichauts de Jérusalem ne soient pas aussi populaires qu'ils le méritent. J'aime ces petits joyaux qui ressemblent à des pommes de terre et que l'on peut utiliser un peu de la même façon - en grande friture, bouillis ou cuits au four, par exemple. Ici, ils se marient merveilleusement bien aux pommes de terre dans ce gratin crémeux parfumé à la moutarde.

• Préchauffer le four à 180 °C (350 °F). Cuire les pommes de terre et les artichauts de Jérusalem dans 2 casseroles d'eau bouillante salée de 8 à 10 min, jusqu'à ce qu'ils soient tendres, puis les égoutter dans une passoire. Quand les pommes de terre sont assez froides pour être manipulées, les peler.

• Faire chauffer l'huile dans une poêle à frire, ajouter l'oignon, l'ail et le persil et cuire à feu doux jusqu'à ce qu'ils soient tendres. Ajouter la crème, la moutarde et le zeste de citron, puis porter à ébullition. Ajouter ensuite la muscade, le sel et le poivre.

• Couper en deux les pommes de terre et les artichauts les plus gros, en conservant entiers les petits. Les placer dans un plat à gratin beurré, y verser la sauce moutarde, parsemer de gruyère et cuire 30 min, jusqu'à ce que le tout soit doré et fasse des bulles.

INGRÉDIENTS

- 450 g (1 lb) de très petites pommes de terre nouvelles
- 200 g (7 oz) d'artichauts de Jérusalem pelés
- 2 c. à soupe d'huile d'olive
- ½ oignon finement haché
- 1 gousse d'ail écrasée
- 2 c. à soupe de persil haché
- 350 ml (12 oz) de crème à 35 %
- 1 c. à soupe de moutarde à l'ancienne ou de moutarde de Meaux
- Le zeste de 1 citron finement râpé
- Muscade fraîchement râpée
- 50 g (2 oz) de gruyère râpé
- Sel et poivre noir fraîchement moulu

Lasagne d'igname et d'aubergine

- 3 ignames, pelées et coupées en diagonale en tranches de 0,5 cm (¼ po) d'épaisseur
- 3 grosses aubergines coupées en diagonale en tranches de 1 cm (½ po) d'épaisseur
- 4 c. à soupe d'huile d'olive
- 1 gousse d'ail écrasée
- 250 g (9 oz) de ricotta
- 3 c. à soupe de crème à 35 %
- 2 œufs battus
- 25 g (1 oz) de parmesan fraîchement râpé
- 100 g (4 oz) de cheddar râpé
- Sel et poivre noir fraîchement moulu

SAUCE TOMATE
- 1 c. à soupe d'huile d'olive
- 1 oignon finement haché
- 1 gousse d'ail écrasée
- 2 c. à soupe de vin blanc
- 2 x 400 g (14 oz) de tomates en conserve, hachées
- 1 feuille de laurier

SAUCE AU BASILIC
- 25 g (1 oz) de beurre non salé
- 25 g (1 oz) de farine tout usage
- 600 ml (env. 2 ½ tasses) de lait à 3,25 %
- 3 c. à soupe de basilic frais haché

PRÉPARATION

Voici une lasagne végétarienne sans pâtes. Je les ai remplacées par de très fines tranches d'igname.

- Mettre les tranches d'igname dans une lèchefrite huilée et cuire au four de 10 à 12 min, jusqu'à ce qu'elles soient tendres. Laisser refroidir. Enduire les tranches d'aubergine d'huile d'olive et d'ail, puis les mettre dans une lèchefrite. Saler, poivrer et cuire au four 20 min, jusqu'à ce qu'elles soient tendres, puis les laisser refroidir.

- Pour faire la sauce tomate, faire chauffer l'huile dans une casserole, ajouter l'oignon et l'ail et frire jusqu'à ce qu'ils soient ramollis. Ajouter le vin et porter à ébullition. Ajouter ensuite les tomates et le laurier, puis laisser mijoter pendant 20 min. Saler et poivrer au goût.

- Pour faire la sauce au basilic, faire fondre le beurre dans une poêle, incorporer la farine et cuire doucement, en remuant, pendant quelques minutes. Incorporer graduellement le lait, porter à ébullition et laisser mijoter quelques minutes jusqu'à ce que la sauce épaississe. Saler et poivrer au goût, puis incorporer le basilic.

- Dans un bol, mélanger la ricotta, la crème, les œufs et le parmesan, puis saler et poivrer au goût.

- Préchauffer le four à 190 °C (375 °F). Pour faire la lasagne, étendre le tiers de la sauce tomate au fond d'un plat carré en terre cuite de 25 à 30 cm (10 à 12 po), couvrir de la moitié des tranches d'igname, puis saler et poivrer. Ajouter une autre couche de sauce tomate, puis mettre la moitié des aubergines. Parsemer de la moitié du cheddar. Verser le mélange de ricotta, puis l'étendre de façon uniforme. Garnir ensuite avec le reste des ignames. Étendre le reste de la sauce tomate, puis le reste des aubergines. Verser enfin la sauce au basilic. Parsemer du reste du cheddar et cuire au four de 15 à 20 min, jusqu'à ce que le tout soit doré et fasse des bulles.

- 25 g (1 oz) de beurre non salé, plus quantité supplémentaire pour beurrer le plat
- 2 oignons finement tranchés
- 2 gousses d'ail écrasées
- 6 filets d'anchois hachés
- 750 g (1 lb 10 oz) de pommes de terre pelées et finement tranchées
- Poivre noir fraîchement moulu
- 600 ml (env. 2 ½ tasses) de crème à 35 %
- 150 ml (env. ⅔ tasse) de lait à 3,25 %
- 75 g (3 oz) de chapelure fraîche

La tentation de Jansson

La légende veut que ce plat suédois ait été une dure tentation pour un religieux - d'où son nom. Mais quelle que soit la vérité, c'est sûrement délicieux.

- Préchauffer le four à 190 °C (375 °F). Beurrer généreusement un plat à gratin. Faire chauffer le beurre dans une poêle, ajouter les oignons, l'ail et les anchois et faire suer de 8 à 10 min, jusqu'à ce que ce soit tendre mais non coloré. Étendre une couche de tranches de pommes de terre, puis du mélange d'oignon dans un plat à gratin en ajoutant du poivre fraîchement moulu à chaque couche. Répéter l'opération jusqu'à ce qu'il ne reste plus de pommes de terre ni d'oignons. Mélanger la crème et le lait, puis verser sur les pommes de terre qui doivent être complètement couvertes. Recouvrir le plat de papier d'aluminium et cuire au four pendant 45 min. Retirer le papier, parsemer de chapelure et remettre au four jusqu'à ce que ça fasse des bulles et que ce soit doré. Servir dès la sortie du four.

Piments farcis aux pommes de terre et au fromage

4 portions

• Préchauffer le four à 200 °C (400 °F). Faire une incision à l'extrémité de chaque piment pour permettre à la vapeur de s'échapper pendant la cuisson. Badigeonner les piments d'un peu d'huile et les faire rôtir au four de 5 à 10 min, jusqu'à ce que la peau soit légèrement grillée et boursouflée. Les placer dans un sac de polythène et fermer hermétiquement. Laisser la vapeur s'échapper 5 min, puis, à l'aide d'un petit couteau, enlever délicatement la peau. Couper chaque piment de haut en bas, puis enlever les graines.

• Cuire les pommes de terre dans de l'eau bouillante salée jusqu'à ce qu'elles soient tendres, puis les égoutter et les mettre dans un bol. Les écraser à l'aide d'une fourchette, mélanger le fromage de chèvre, puis saler et poivrer au goût. Farcir les piments avec le mélange précédent, puis les placer dans un plat allant au four en formant une seule couche.

• Pour faire la sauce, chauffer l'huile dans une poêle à frire, ajouter les piments rouges, l'ail et les ciboules ou les échalotes, cuire ensuite quelques minutes jusqu'à ce qu'ils soient ramollis. Ajouter les tomates, les tortillas, la cassonade et l'origan et cuire à feu doux pendant 10 min. Passer au mélangeur jusqu'à ce que la sauce soit presque homogène, mais pas tout à fait liquide. Verser la sauce sur les piments farcis et cuire au four de 10 à 15 min. Parsemer de cheddar râpé, verser la crème sure et servir.

• 8 piments poblano
• Huile végétale pour badigeonner
• 350 g (12 oz) de pommes de terre nouvelles, pelées
• 150 g (5 oz) de fromage de chèvre ferme, émietté
• 75 g (3 oz) de cheddar râpé
• 4 c. à soupe de crème sure
• Sel et poivre noir fraîchement moulu

SAUCE
• 4 c. à soupe d'huile végétale
• 2 piments rouges, épépinés et hachés
• 2 gousses d'ail écrasées
• 4 ciboules ou échalotes hachées
• 400 g (14 oz) de tomates en conserve hachées
• 4 tortillas de maïs hachées
• 2 c. à soupe de cassonade
• 1 c. à soupe d'origan haché

L'ultime pomme de terre au four

4 portions

- 4 grosses pommes de terre
- 4 c. à soupe de gros sel de mer
- 50 g (2 oz) de beurre non salé
- Poivre noir fraîchement moulu

• Préchauffer le four à 200 °C (400 °F). À l'aide d'une petite brosse, bien nettoyer les pommes de terre à l'eau courante pour enlever toute saleté. Les assécher, puis piquer la peau de tous les côtés avec un petit couteau. Parsemer de gros sel un plat à rôtir, puis y mettre les pommes de terre. Faire cuire les pommes de terre au four de 1 h à 1 h 15, selon leur grosseur, jusqu'à ce qu'elles soient tendres.

• Retirer les pommes de terre du four, couper le dessus de chacune en forme de croix et presser doucement pour ouvrir le dessus. Garnir de beurre, puis ajouter du poivre noir fraîchement moulu et du sel de mer.

Poireau, moutarde et persil

FARCE POUR LES POMMES DE TERRE AU FOUR

- 4 grosses pommes de terre
- 3 c. à soupe d'huile d'olive
- 1 gros poireau finement haché
- 2 c. à soupe de moutarde à l'ancienne ou de moutarde de Meaux
- 100 g (4 oz) de cheddar mûr, râpé
- 4 c. à soupe de crème à 35 %
- 25 g (1 oz) de beurre non salé
- 3 c. à soupe de persil italien haché
- Sel et poivre noir fraîchement moulu

• Cuire les pommes de terre jusqu'à ce qu'elles soient tendres (voir plus haut), puis découper un couvercle sur chacune. À l'aide d'une cuillère, enlever délicatement la chair, en laissant une mince pelure, puis mettre la chair dans un bol.

• Chauffer l'huile d'olive dans une poêle, ajouter le poireau et cuire à feu doux de 8 à 10 min, jusqu'à ce qu'il soit tendre. Ajouter le poireau à la chair de pomme de terre, puis la moutarde, le cheddar et la crème, et bien mélanger. Incorporer enfin le beurre et le persil. Saler et poivrer au goût, puis remettre le mélange dans les pelures de pomme de terre et réchauffer au four quelques minutes avant de servir.

- 4 grosses pommes de terre
- 50 g (2 oz) de beurre non salé
- 4 c. à soupe d'huile d'olive
- 100 g (4 oz) de feta grecque coupée en cubes de 0,5 cm (¼ po)
- 2 c. à soupe de raisins de Corinthe qui ont trempé dans l'eau très chaude 30 minutes, puis qui ont été égouttés
- 2 c. à soupe de pignons grillés
- 6 olives vertes, dénoyautées et hachées
- 2 c. à soupe d'origan frais, haché
- Sel et poivre noir fraîchement moulu

Feta, olives, pignons grillés et origan

FARCE POUR LES POMMES DE TERRE AU FOUR

- Faire cuire les pommes de terre au four jusqu'à ce qu'elles soient tendres (voir p. 68), puis découper un couvercle sur chacune. À l'aide d'une cuillère, enlever délicatement la chair, la mettre dans un bol, ajouter le beurre et l'huile, puis écraser légèrement les pommes de terre. Incorporer le reste des ingrédients. Farcir les pelures de pomme de terre de ce mélange et remettre au four de 5 à 6 min pour les réchauffer complètement avant de servir.

- 4 grosses pommes de terre
- 8 gousses d'ail
- 2 c. à soupe d'huile d'olive
- 4 grosses pincées de feuilles de basilic grossièrement hachées
- 100 g (4 oz) de tomates séchées marinées
- 250 g (9 oz) de mozzarella de bufflonne coupée en dés de 0,5 cm (¼ po)
- Sel et poivre noir fraîchement moulu

Mozzarella, basilic et tomates séchées marinées

FARCE POUR LES POMMES DE TERRE AU FOUR

- Cuire les pommes de terre au four jusqu'à ce qu'elles soient tendres (voir p. 68). Entre-temps, déposer les gousses d'ail avec leur pelure dans un moule, verser l'huile et les faire rôtir au four de 25 à 30 min, jusqu'à ce qu'elles soient dorées et caramélisées. Retirer la pelure et, dans un bol, mettre grossièrement la chair en purée. Ajouter le basilic, la mozzarella et les tomates, puis saler et poivrer légèrement.

- Faire une incision ou une croix au centre de chaque pomme de terre, puis l'ouvrir. Farcir du mélange de fromage et de tomate, puis remettre au four de 8 à 10 min, jusqu'à ce que la mozzarella fasse des bulles.

Dolcelatte, ciboule et ciboulette

FARCE POUR LES POMMES DE TERRE AU FOUR

- • 4 grosses pommes de terre
- • 150 g (5 oz) de gorgonzola dolcelatte
- • 4 c. à soupe de crème à 35 %
- • 50 g (2 oz) de beurre non salé
- • 2 jaunes d'œufs
- • 1 c. à soupe de ciboulette hachée
- • 6 ciboules ou échalotes coupées en lanières
- • Sel et poivre noir fraîchement moulu

• Cuire les pommes de terre au four jusqu'à ce qu'elles soient tendres (voir p. 68), puis découper un couvercle sur chacune. À l'aide d'une cuillère, enlever la chair, la placer dans un bol et la mettre en purée pendant que c'est chaud. Incorporer le fromage, la crème et le beurre. Mélanger les jaunes d'œufs, la ciboulette, les ciboules ou les échalotes, puis saler et poivrer. Farcir ensuite les pelures de pomme de terre de ce mélange. Remettre au four jusqu'à ce que le dessus soit doré.

Asperges, champignons sauvages, pecorino et œufs

FARCE POUR LES POMMES DE TERRE AU FOUR

- • 4 grosses pommes de terre
- • 50 g (2 oz) de beurre non salé
- • 6 pointes d'asperge moyennes
- • 2 c. à soupe d'huile d'olive
- • 75 g (3 oz) de trompettes-de-la-mort (ou d'un autre type de champignons sauvages) coupées en gros dés
- • 4 œufs
- • 4 c. à soupe de crème à 35 %
- • 75 g (3 oz) de fromage pecorino râpé
- • Sel et poivre noir fraîchement moulu

• Cuire les pommes de terre au four jusqu'à ce qu'elles soient tendres (voir p. 68), puis découper un couvercle sur chacune. À l'aide d'une cuillère, enlever la chair, la mettre dans un bol et l'écraser légèrement avec le beurre.

• Blanchir les asperges 3 min dans l'eau bouillante, bien les égoutter, puis les hacher. Faire chauffer l'huile d'olive dans une poêle, ajouter les asperges et les champignons, puis les faire sauter à feu moyen de 2 à 3 min. Ajouter ce mélange aux pommes de terre, puis saler et poivrer au goût. Farcir ensuite les pelures de pomme de terre de ce mélange et presser à l'aide du dos d'une cuillère pour former une cavité au centre de chaque pomme de terre.

• Casser un œuf dans chaque cavité, y verser 1 c. à soupe de crème et parsemer de pecorino. Saler et poivrer. Replacer les couvercles et remettre les pommes de terre au four de 10 à 12 min, jusqu'à ce que les œufs commencent à peine à prendre.

- 4 grosses pommes de terre
- 25 g (1 oz) de beurre non salé
- 25 g (1 oz) de farine tout usage
- 150 ml (env. ²/₃ tasse) de lait à 3,25 %
- 4 c. à soupe de bière
- 1 c. à café (1 c. à thé) de moutarde anglaise (en poudre)
- 2 gouttes de sauce Worcestershire
- 125 g (4 ½ oz) de cheddar fumé, râpé
- 3 œufs, le jaune séparé du blanc
- 1 c. à soupe de ciboulette hachée
- Sel et poivre noir fraîchement moulu

Soufflé de cheddar fumé à l'anglaise
FARCE POUR LES POMMES DE TERRE AU FOUR

• Cuire les pommes de terre au four jusqu'à ce qu'elles soient tendres (voir p. 68), puis découper un couvercle sur chacune. À l'aide d'une cuillère, enlever la chair, la placer dans un bol et mettre en purée jusqu'à ce que ce soit homogène.

• Faire fondre le beurre dans une casserole, ajouter la farine et cuire 1 min. Incorporer peu à peu le lait et porter à ébullition pour obtenir une sauce épaisse. Ajouter la bière, la moutarde et la sauce Worcestershire, puis incorporer le fromage râpé et cuire à feu très doux de 2 à 3 min, jusqu'à ce qu'il soit dissous. Saler et poivrer. Incorporer cette sauce à la purée de pommes de terre, ajouter les jaunes d'œufs et rectifier l'assaisonnement. Fouetter les blancs d'œufs en neige ferme, puis les incorporer doucement au mélange de pomme de terre avec une cuillère en métal.

• Farcir délicatement les pelures de pomme de terre de ce mélange. Remettre au four et cuire 25 min sans ouvrir la porte du four jusqu'à ce que le mélange soit doré et qu'il ait levé. Garnir de ciboulette hachée et servir.

Mini pommes de terre en robe des champs accompagnées de crème sure et de caviar
FARCE POUR LES POMMES DE TERRE AU FOUR

- 24 petites pommes de terre nouvelles
- 2 c. à soupe de ciboulette hachée
- 100 ml (3 ½ oz) de crème sure
- 10 g (¼ oz) de caviar sevruga

Un hors-d'œuvre à la fois simple et extravagant à servir à l'apéro. C'est bon aussi avec du poisson grillé.

• Cuire les pommes de terre au four jusqu'à ce qu'elles soient tendres (voir p. 68) – cela devrait prendre de 20 à 30 min, selon leur grosseur. Puis, à l'aide d'un petit couteau, faire une croix sur le dessus de chacune. En utilisant le pouce et l'index, presser doucement la pomme de terre pour l'ouvrir. Mélanger la ciboulette et la crème sure, puis mettre une bonne cuillerée de ce mélange sur chaque pomme de terre. Garnir de caviar et servir immédiatement.

Pelures de pommes de terre
à la marocaine

4 portions

Voici un hors-d'œuvre savoureux rehaussé d'une petite touche épicée. Même si ce n'est pas typiquement marocain, j'aime bien parsemer les pelures de pomme de terre de cheddar râpé pendant les dernières minutes de cuisson.

• Préchauffer le four à 220 °C (425 °F). Couper la pelure des pommes de terre pour qu'elle ait 2 cm (³/₄ po) d'épaisseur, bien laver la pelure et bien l'assécher. Déposer dans un grand plat allant au four.

• Mélanger tous les ingrédients qui restent, sauf le fromage. Verser ce mélange sur les pelures et bien brasser. Mettre au four et cuire environ 35 min, jusqu'à ce qu'elles soient dorées et croustillantes. Parsemer de cheddar et remettre au four jusqu'à ce que le fromage soit fondu et qu'il fasse des bulles.

PRÉPARATION

INGRÉDIENTS

- 650 g (env. 1 ¹/₂ lb) de grosses pommes de terre
- 100 ml (3 ¹/₂ oz) d'huile d'olive
- 1 c. à soupe de purée de harissa de bonne qualité
- ¹/₂ c. à café (¹/₂ c. à thé) de cumin moulu
- ¹/₂ c. à café (¹/₂ c. à thé) de coriandre moulue
- ¹/₂ c. à café (¹/₂ c. à thé) de cannelle moulue
- ¹/₄ c. à café (¹/₄ c. à thé) de curcuma
- 2 gousses d'ail écrasées
- 75 g (3 oz) de cheddar râpé
- Sel et poivre noir fraîchement moulu

- 8 grosses pommes de terre nouvelles
- 16 feuilles de laurier
- 3 c. à soupe d'huile d'olive
- 75 g (3 oz) de beurre non salé, fondu
- 4 brins de romarin frais
- Gros sel et poivre noir fraîchement moulu

PRÉPARATION

• Préchauffer le four à 200 °C (400 °F). À l'aide d'un petit couteau, couper chaque pomme de terre dans le sens de la largeur en tranches de 1 cm ($^1/_2$ po) d'épaisseur en gardant la base de la pomme de terre entière, c'est-à-dire qu'il faut cesser de couper à environ 1 cm ($^1/_2$ po) de la base. Saler et poivrer, puis insérer quelques feuilles de laurier dans les coupures de chaque pomme de terre. Déposer les pommes de terre dans un plat à rôtir, verser l'huile et badigeonner d'un peu de beurre fondu. Rôtir au four de 30 à 40 min, jusqu'à ce qu'elles soient tendres.

• Badigeonner du reste du beurre, parsemer de romarin et remettre au four de 10 à 15 min, jusqu'à ce que les pommes de terre soient dorées. Égoutter et parsemer de gros sel.

VARIANTE : Ajouter 100 g (4 oz) de pancetta coupée en lardons et quelques gousses d'ail entières, pelées, au plat à rôtir avant de verser l'huile.

La véritable pomme de terre rôtie

Il vaut la peine de bien faire les choses, même si elles sont toutes simples. Voici quelques trucs pour vous aider à réussir des pommes de terre rôties parfaites.

- *Peler les pommes de terre juste avant de les cuire, ne pas les laisser tremper dans l'eau.*

- *Faire cuire à demi les pommes de terre avant de les faire rôtir modifie leur structure, ce qui signifie que le temps de cuisson est réduit et que l'extérieur est plus croustillant.*

- *S'assurer que l'huile du plat à rôtir est très chaude (presque fumante) avant d'ajouter les pommes de terre, mais il ne faut pas qu'elle brûle. En revanche, si l'huile n'est pas assez chaude, les pommes de terre seront graisseuses.*

- *Pour obtenir des pommes de terre très croustillantes, s'assurer qu'elles sont complètement sèches avant de les ajouter à l'huile bouillante.*

- *Ne pas retourner les pommes de terre avant qu'elles soient dorées d'un côté.*

- *Assaisonner les pommes de terre seulement quand elles sont cuites, sinon le sel les transformera en bouillie.*

- *Servir les pommes de terre rôties dès qu'elles sont prêtes pour ne pas qu'elles perdent leur texture croustillante.*

- *J'aime bien cuire les pommes de terre rôties dans le même plat que la viande pour qu'elles en absorbent certaine saveurs. Toutefois, le jus de la viande peut les rendre légèrement pâteuses. Alors, si vous aimez les pommes de terre vraiment croustillantes, faites-les rôtir dans un plat à part.*

Pommes de terre rôties

- 750 g (1 lb 10 oz) de pommes de terre pelées
  et coupées en gros morceaux égaux
- 4 c. à soupe d'huile végétale ou
  de gras du rôti
- Sel et poivre noir fraîchement moulu

• Préchauffer le four à 200 °C (400 °F). Placer les pommes de terre dans une grande casserole, couvrir d'eau froide, ajouter une pincée de sel et porter à ébullition. Réduire à feu doux et laisser mijoter de 10 à 15 min, jusqu'à ce qu'elles soient presque tendres. Les égoutter dans une passoire et les laisser sécher pendant 5 min.

• Faire chauffer l'huile dans un grand plat à rôtir jusqu'à ce qu'elle soit très chaude. Y plonger les pommes de terre et les retourner pour les couvrir d'huile uniformément. Faire rôtir au four de 30 à 40 min, jusqu'à ce qu'elles soient dorées et croustillantes, en les retournant à mi-cuisson. Saler et poivrer, puis servir.

VARIANTES

• Ajouter aux pommes de terre 1 c. à soupe d'herbes fraîches ou séchées avant de les mettre au four.

• Ajouter son épice préférée comme le mélange d'épices cajun*, du paprika ou du sel d'ail (voir Un petit truc, plus bas).

UN PETIT TRUC : Pour faire votre propre sel d'ail parfumé, séparez les gousses d'une tête d'ail, pelez-les, puis tranchez-les finement à la mandoline. Disposez les gousses sur une tôle à biscuits antiadhésive et cuisez-les dans un four préchauffé à 150 °C (300 °F), de 3 à 4 h, jusqu'à ce qu'elles soient blanches et sèches. Laissez refroidir, puis passez au robot culinaire ou au mélangeur 30 sec avec 100 g (4 oz) de sel de mer pour mêler le tout. Ne mélangez pas outre mesure, car le sel serait trop fin. Rangé dans un contenant hermétique, ce sel peut se conserver indéfiniment.

* On peut trouver le mélange d'épices cajun dans les poissonneries ou au comptoir de poissons des supermarchés.

Patates douces rôties
à la cardamome et à la cannelle,
accompagnées de sauce chili

4 portions

• Préchauffer le four à 200 °C (400 °F). Dans un bol, mélanger les patates douces avec la cardamome, les clous de girofle, la cannelle et les feuilles de laurier. Faire chauffer l'huile et la moitié du beurre dans une poêle à frire allant au four, ajouter les patates douces et les épices, puis les remuer dans l'huile chaude pendant 5 min. Mettre ensuite au four et faire rôtir de 30 à 35 min, jusqu'à ce que les patates douces soient tendres et dorées.

• Retirer les épices des patates douces, ajouter le reste du beurre, la sauce chili et du sel et bien mélanger.

UN PETIT TRUC : Vous pouvez acheter de la cardamome moulue, mais elle a tendance à perdre rapidement sa saveur. J'ai découvert que la façon la plus rapide de moudre la cardamome est de passer les capsules au mélangeur ou au robot culinaire pendant 30 sec. Passer ensuite les graines moulues au tamis à mailles fines, en laissant les capsules de côté.

- 600 g (1 lb 5 oz) de patates douces, pelées et coupées en dés de 1 cm (½ po)
- 6 capsules de cardamome brune, moulues
- 3 clous de girofle
- 1 bâton de cannelle
- 2 petites feuilles de laurier
- 2 c. à soupe d'huile végétale
- 50 g (2 oz) de beurre non salé
- 2 c. à soupe de sauce chili piquante
- Sel

Pommes de terre tikka

4 portions

• Préchauffer le four à 200 °C (400 °F). Cuire les pommes de terre dans une casserole d'eau bouillante salée de 5 à 8 min, jusqu'à ce qu'elles soient tendres, mais encore juste un peu croquantes. Les égoutter dans une passoire.

• Faire fondre le beurre clarifié sur le poêle, dans un plat à rôtir, ajouter les graines de moutarde et frire jusqu'à ce qu'elles commencent à éclater. Ajouter la coriandre, la cardamome, la nigelle, le gingembre, le piment, le Murraya et le curcuma et cuire 2 min. Ajouter les pommes de terre et brasser pour bien les enduire des épices. Ajouter l'eau et brasser de nouveau. Mettre au four et faire rôtir de 20 à 25 min, jusqu'à ce que les pommes de terre soient dorées et croustillantes avec leur couche d'épices. Saler et poivrer au goût, puis servir immédiatement.

- 650 g (env. 1 ½ lb) de petites pommes de terre entières ou coupées en deux, selon leur grosseur, et pelées
- 75 g (3 oz) de beurre clarifié (voir Un petit truc, p. 151)
- ½ c. à café (½ c. à thé) de graines de moutarde noire
- 1 c. à café (1 c. à thé) de graines de coriandre grillées rapidement dans une poêle à frire sans corps gras
- 8 capsules de cardamome brune, moulues (voir Un petit truc)
- ¼ c. à café (¼ c. à thé) de graines de nigelle (toute-épice)
- Un morceau de gingembre frais de 2,5 cm (1 po) finement haché
- 1 piment vert, épépiné et finement tranché
- 6 feuilles de Murraya fraîches
- Une pincée de curcuma
- 100 ml (3 ½ oz) d'eau
- Sel et poivre noir fraîchement moulu

Pommes de terre rouges, rôties, accompagnées de crème fraîche au raifort et au piment

4 portions

• Préchauffer le four à 200 °C (400 °F). Placer les pommes de terre entières non pelées dans un grand plat à rôtir. Verser l'huile d'olive et bien remuer. Saler et poivrer, puis insérer les brins de thym frais. Faire rôtir au four de 35 à 40 min, jusqu'à ce que les pommes de terre soient tendres et dorées, puis laisser refroidir légèrement. Entre-temps, mélanger le raifort, la crème, le piment et la ciboulette, puis assaisonner au goût. Couper les pommes de terre en deux, les disposer sur une assiette de service et les couronner du piment et de la crème fraîche au raifort.

• 500 g (1 lb 2 oz) de petites pommes de terre rouges
• 4 c. à soupe d'huile d'olive
• 8 brins de thym frais
• 2 c. à soupe de raifort fraîchement râpé
• 100 ml (3 ½ oz) de crème fraîche
• 1 gros piment rouge, épépiné et haché
• 2 c. à soupe de ciboulette hachée
• Sel et poivre noir fraîchement moulu

Pommes de terre rôties aux herbes de Provence

4 portions

Habituellement, je n'utilise pas beaucoup d'herbes séchées, mais je fais exception quand je prépare des pommes de terre rôties comme celles-ci. Elles sont délicieuses servies avec des côtelettes d'agneau qui ont mariné environ 1 h dans un mélange d'huile d'olive, d'ail écrasé, de romarin et de zeste d'orange, puis qui sont grillées.

• Préchauffer le four à 220 °C (425 °F). Couper les pommes de terre non pelées en deux dans le sens de la longueur, puis faire un genre de quadrillé sur la chair de chacune des moitiés. Les disposer sur un plat allant au four, le côté coupé vers le haut. Verser l'huile d'olive, saler et poivrer, puis parsemer d'herbes séchées. Rôtir au four de 45 à 50 min, jusqu'à ce que ce soit tendre et croustillant.

• 12 pommes de terre moyennes
• 4 c. à soupe d'huile d'olive
• 1 c. à café (1 c. à thé) d'herbes de Provence séchées
• Gros sel et poivre noir fraîchement moulu

SAUTÉS, BEIGNETS, GALETTES DE POMMES DE TERRE ET CHIPS

Qui peut résister aux frites, sous n'importe quelle forme? Croustillantes et succulentes, elles possèdent un incroyable petit goût de revenez-y. Elles ont sûrement dû être conçues pour nous faire oublier nos bonnes habitudes alimentaires. Mais en fait, elles n'ont pas nécessairement une teneur en gras aussi élevée que vous pouvez le penser. Si l'huile est à la bonne température, les pommes de terre devraient être saisies rapidement et ne devraient pas absorber trop d'huile. Pour éviter un surplus de gras, vous devriez toujours égoutter les pommes de terre cuites en grande friture sur du papier essuie-tout avant de les servir.

Dans ce chapitre, vous apprendrez à préparer les parfaites pommes de terre sautées et les chips. En prime, vous aurez diverses variations sur ces thèmes. Les pommes de terre sautées peuvent accompagner les viandes et le poisson grillés, mais je crois qu'on peut les manger telles quelles au petit-déjeuner ou qu'elles peuvent être l'un des plats du brunch. On n'a qu'à penser au Bubble and squeak britannique, aux Pommes de terre sautées, tapenade de tomate et œufs frits ou aux pommes de terre rissolées nouveau genre comme les Pommes de terre rissolées et fromage haloumi dans un pain pita.

Comme beaucoup d'autres plats de pommes de terre, les beignets et les galettes de pommes de terre sont des véhicules qui peuvent merveilleusement bien se marier à d'autres saveurs. Ils se combinent aux épices indiennes – essayez la recette Aloo tikki –, mais ils ont aussi une véritable affinité avec les ingrédients méditerranéens.

- 650 g (env. 1 ½ lb) de pommes de terre nouvelles, moyennes
- Sel et poivre noir fraîchement moulu
- 4 c. à soupe d'huile végétale
- 25 g (1 oz) de beurre non salé
- 1 c. à soupe de persil frais, haché (facultatif)

Pommes de terre sautées

4 portions

• Cuire les pommes de terre entières, non pelées, dans de l'eau bouillante salée jusqu'à ce qu'elles soient presque tendres. Les égoutter dans une passoire et les laisser reposer jusqu'à ce qu'elles soient assez froides pour être manipulées, puis les peler délicatement. Les couper en tranches d'environ 1 cm (½ po) d'épaisseur.

• Faire chauffer l'huile dans une grande poêle à frire, ajouter les pommes de terre et les faire sauter rapidement pour qu'elles prennent couleur. Éviter de les retourner ou de les remuer avant qu'elles soient croustillantes et bien dorées en dessous. Ajouter le beurre et, quand il est légèrement mousseux, remuer les pommes de terre jusqu'à ce qu'elles soient bien dorées. Saler et poivrer, puis disposer les pommes de terre sur un plat de service et parsemer de persil, si désiré.

- Beurre en quantité suffisante
- 1 oignon
- 1 recette de Pommes de terre sautées (voir plus haut)
- Sel et poivre noir fraîchement moulu

Pommes de terre lyonnaises traditionnelles

4 portions

• Faire sauter dans le beurre l'oignon finement tranché jusqu'à ce qu'il soit doré et caramélisé, puis l'incorporer à une recette de Pommes de terre sautées avant d'ajouter les assaisonnements. Les pommes de terre lyonnaises étaient généralement préparées avec de la purée d'oignon, mais maintenant, on utilise de l'oignon sauté.

- 1 c. à café (1 c. à thé) de baies de genièvre
- 1 recette de Pommes de terre sautées (voir plus haut)
- 1 c. à soupe de romarin frais, haché
- 40 g (1 ½ oz) d'emmenthal coupé en cubes de 0,5 cm (¼ po)
- Sel et poivre noir fraîchement moulu

Pommes de terre sautées au genièvre, au romarin et à l'emmenthal

4 portions

• Mettre les baies de genièvre dans un mortier, puis les écraser jusqu'à l'obtention d'une poudre fine. Faire les Pommes de terre sautées de la façon habituelle, mais après avoir ajouté le beurre, ajouter le genièvre, le sel et le poivre. Parsemer de romarin et de fromage, remuer le tout rapidement, puis disposer dans un plat de service.

Pommes de terre à la catalane

4 portions

• Préchauffer le four à 200 °C (400 °F). Placer les demi-poivrons rouges dans un plat allant au four, les recouvrir de la moitié de l'huile d'olive, puis les faire rôtir de 20 à 25 min, jusqu'à ce qu'ils soient boursouflés et noircis. Laisser refroidir, puis enlever la pelure et couper les poivrons en lanières.

• Faire chauffer le reste de l'huile dans une poêle à frire, ajouter la saucisse et l'ail et frire 1 min, jusqu'à ce que la saucisse soit croustillante et dorée. Ajouter le poivron rouge et les olives et bien remuer le tout. Ajouter les pommes de terre sautées, brasser et rectifier l'assaisonnement. Garnir de persil.

- 1 poivron rouge, coupé en deux et épépiné
- 4 c. à soupe d'huile d'olive
- 75 g (3 oz) de saucisse (chorizo ou merguez), grossièrement hachée
- 1 gousse d'ail écrasée
- 12 olives noires
- 1 recette de Pommes de terre sautées (voir p. 83)
- 1 c. à soupe de persil frais, haché
- Sel et poivre noir fraîchement moulu

Pommes de terre sautées, artichauts et roquette

4 portions

• Casser les tiges des artichauts, puis couper le haut de la tête. Enlever et jeter les feuilles extérieures foncées qui sont dures. Couper les artichauts en deux pour que le foin soit apparent. Enlever le foin en grattant rapidement le fond, puis couper les artichauts en tranches de 1 cm (½ po) d'épaisseur.

• Faire chauffer l'huile dans une grande poêle à frire, ajouter les artichauts et cuire 2 min. Ajouter les feuilles de roquette et de basilic et cuire 1 min, jusqu'à ce qu'elles aient un aspect fané, puis ajouter les pommes de terre sautées. Rectifier l'assaisonnement et servir.

- 3 petits artichauts
- 4 c. à soupe d'huile d'olive
- 50 g (2 oz) de feuilles de petite roquette
- 6 feuilles de basilic
- 1 recette de Pommes de terre sautées (voir p. 83)
- Sel et poivre noir fraîchement moulu

PRÉPARATION

- 2 c. à soupe d'huile d'olive
- 4 œufs
- 1 recette de Pommes de terre sautées (voir p. 83)
- 50 g (2 oz) de copeaux de parmesan

TAPENADE DE TOMATE
- 50 g (2 oz) de tomates séchées
- 20 g (³/₄ oz) de petites câpres
- 20 g (³/₄ oz) d'olives vertes, dénoyautées
- 1 grosse gousse d'ail écrasée
- 1 c. à café (1 c. à thé) de romarin frais, haché
- ¹/₂ c. à café (¹/₂ c. à thé) de jus de citron
- 2 c. à soupe d'huile d'olive

La plupart des gens aiment les œufs et les pommes de terre. Dans cette recette, j'ai ajouté une relish piquante aux tomates. J'offre aussi cette relish aux invités pour qu'ils y trempent leur pain. Et ils en redemandent souvent.

• Pour faire la tapenade, passer tous les ingrédients au mélangeur ou au mélangeur à main jusqu'à l'obtention d'une purée grossière, puis réserver.

• Faire chauffer l'huile dans une poêle à frire, puis y faire frire les œufs. À l'aide d'une cuillère, mettre de la tapenade sur les pommes de terre sautées, disposer les œufs sur le dessus et garnir de parmesan. Servir.

PETITS TRUCS

• Vous pouvez faire la tapenade d'avance, car elle se conserve bien au réfrigérateur et, en réalité, elle est meilleure quand elle est faite depuis une journée ou deux. Les saveurs ont alors le temps de s'épanouir.

• Les œufs de caille peuvent remplacer les œufs de poule. Vous pouvez les cuire de la même façon.

Le bubble and squeak britannique

4 portions

Jusqu'à récemment, ce plat d'origine britannique était préparé seulement à la maison et c'était la façon idéale d'utiliser des restes de pomme de terre. Maintenant, il arrive souvent que des restaurants le proposent. Il tire son nom, à ce qu'il paraît, du bruit des ingrédients dans la poêle. On peut remplacer le chou par des choux de Bruxelles ou des épinards, par exemple. Et même si ce n'est pas la façon classique de le servir, on peut lui ajouter un peu de bacon croustillant.

• Faire chauffer l'huile et le beurre dans une grande poêle à frire, ajouter l'oignon et l'ail et faire sauter jusqu'à ce qu'ils soient tendres. Ajouter le chou, saler et poivrer généreusement, puis mélanger avec l'oignon et l'ail. Ajouter les pommes de terre et les écraser à l'aide d'une fourchette. Mélanger le tout en poursuivant la cuisson jusqu'à ce que ce soit doré, saler et poivrer au goût, puis servir.

INGRÉDIENTS

- 2 c. à soupe d'huile d'olive
- 40 g (1 ½ oz) de beurre non salé
- 1 oignon finement haché
- 2 gousses d'ail écrasées
- 100 g (4 oz) de chou de Savoie cuit, grossièrement haché
- 450 g (1 lb) de pommes de terre bouillies, pelées
- Sel et poivre noir fraîchement moulu

Cubes de pomme de terre et bacon croustillant parfumés aux herbes

4 portions

• Mettre les pommes de terre dans une casserole, les couvrir d'eau froide, ajouter un peu de sel et porter à ébullition. Réduire à feu doux et laisser mijoter jusqu'à ce que les pommes de terre soient presque cuites, mais pas tout à fait. Égoutter dans une passoire et laisser refroidir légèrement.

• Mélanger les herbes, le zeste de citron et la chapelure, puis saler et poivrer. Assaisonner les pommes de terre, les tremper dans les blancs d'œufs battus, puis les recouvrir de chapelure aux herbes.

• Faire chauffer une poêle à frire sans corps gras, ajouter le bacon et frire de 2 à 3 min, jusqu'à ce qu'il soit doré et croustillant. Le retirer à l'aide d'une écumoire et garder au chaud. Ajouter l'huile à la poêle, y mettre les pommes de terre et les frire jusqu'à ce qu'elles soient complètement dorées. Remettre le bacon dans la poêle, mélanger avec les pommes de terre et servir.

UN PETIT TRUC : Utilisez votre propre chapelure, plutôt que d'en acheter. Pour la fabriquer, passez le pain, sans les croûtes, au robot culinaire ou au mélangeur jusqu'à l'obtention d'une texture fine.

- 650 g (env. 1 ½ lb) de petites pommes de terre à cuire, pelées et coupées en cubes de 1 cm (½ po)
- 4 c. à soupe d'herbes fraîches mélangées, hachées, comme l'estragon, le persil et la ciboulette
- Le zeste de ½ citron finement râpé
- 100 g (4 oz) de chapelure fraîche
- 2 blancs d'œufs, légèrement battus
- 125 g (4 ½ oz) de bacon fumé, coupé en petits morceaux
- 3 c. à soupe d'huile végétale
- Sel et poivre noir fraîchement moulu

Cubes de pommes de terre et bacon croustillant parfumés aux herbes

Pommes de terre rissolées et fromage haloumi dans un pain pita

4 portions

- 450 g (1 lb) de pommes de terre
- 1 oignon rouge, haché
- 1 c. à soupe d'origan frais, haché
- 1 gousse d'ail écrasée
- 10 olives noires dénoyautées et coupées
- 6 c. à soupe d'huile d'olive
- 12 tranches de fromage haloumi
- 4 pains pitas
- Sel et poivre noir fraîchement moulu

VINAIGRETTE
- 4 c. à soupe d'huile d'olive
- Le jus de 1 citron
- 1 c. à soupe de très petites câpres, rincées et égouttées
- 2 c. à soupe de vinaigre de xérès
- 1 c. à soupe de ciboulette hachée

Aux États-Unis, on donne le nom de hash browns *aux pommes de terre rissolées croustillantes. En dehors de l'Amérique, on les prépare souvent avec des pommes de terre cuites, râpées. Les Américains préfèrent utiliser des pommes de terre en dés. Dans cette recette, j'utilise les pommes de terre rissolées comme l'un des ingrédients d'un savoureux sandwich qui contient aussi du fromage haloumi.*

• Mettre les pommes de terre non pelées dans une casserole, les couvrir d'eau froide, ajouter un peu de sel et porter à ébullition. Réduire à feu doux et laisser mijoter jusqu'à ce qu'elles soient tendres, les égoutter, puis les laisser refroidir. Peler les pommes de terre et les couper en dés de 1 cm (1/2 po). Les mettre dans un bol, ajouter l'oignon, l'origan, l'ail et les olives, puis saler et poivrer.

• Pour faire la vinaigrette, fouetter ensemble tous les ingrédients, puis saler et poivrer au goût.

• Faire chauffer la moitié de l'huile dans une grande poêle à frire jusqu'à ce qu'elle soit très chaude, ajouter le mélange de pommes de terre et frire jusqu'à ce qu'elles soient croustillantes en les brassant pendant la cuisson. Les pommes de terre doivent être complètement dorées et croustillantes. Retirer du feu et garder au chaud.

• Faire chauffer une poêle à fond strié jusqu'à ce qu'elle fume. Tremper les tranches de fromage dans le reste de l'huile, saler, poivrer et faire griller de 1 à 2 min, jusqu'à ce que le fromage soit doré et un peu grillé des deux côtés.

• Faire griller les pains pitas jusqu'à ce qu'ils soient chauds, puis les casser pour les ouvrir. Les farcir du mélange de pommes de terre rissolées, puis déposer les tranches de fromage sur le dessus. Y verser la vinaigrette en filet, refermer les pitas, les couper en deux et… bon appétit!

Tortilla basquaise

- 4 c. à soupe d'huile d'olive de bonne qualité
- 400 g (14 oz) de pommes de terre pelées et finement tranchées
- 1 oignon finement tranché
- 75 g (3 oz) de chorizo, la peau enlevée et finement tranché
- 5 gros œufs
- Une pincée de brins de safran dans 2 c. à soupe d'eau chaude
- Sel et poivre noir fraîchement moulu

PRÉPARATION

• Faire chauffer l'huile dans une poêle à omelette de 20 cm (8 po), ajouter les pommes de terre et frire de 2 à 3 min, jusqu'à ce qu'elles soient saisies des deux côtés. Ajouter l'oignon et cuire jusqu'à ce que l'oignon et les pommes de terre soient dorés. Saler et poivrer, puis ajouter le chorizo. Couvrir et cuire à feu doux pendant 20 min ou jusqu'à ce que les pommes de terre soient tendres, en brassant de temps en temps.

• Fouetter les œufs avec l'eau safranée ainsi qu'avec un peu de sel et de poivre. Verser ce liquide sur le mélange de pommes de terre et l'étendre également. Cuire sans couvercle, à feu doux, de 8 à 10 min, jusqu'à ce que l'omelette soit tout juste prise (si nécessaire, mettre la poêle 1 ou 2 min sous le gril chaud du four pour que le dessus de l'omelette prenne). Passer délicatement une spatule métallique autour de l'omelette pour libérer les bords, puis renverser l'omelette sur une assiette. Laisser refroidir l'omelette avant de la couper en quatre. Servir avec une salade verte bien croquante.

Pommes de terre caramélisées

- 1 kg (2 ¼ lb) de petites pommes de terre nouvelles
- 6 c. à soupe d'huile d'olive
- 50 g (2 oz) de beurre non salé
- 3 brins de thym frais
- 3 brins de marjolaine fraîche
- 3 gousses d'ail écrasées
- 1 petit piment rouge, épépiné et finement haché
- 100 g (4 oz) de tomates séchées marinées, hachées
- 2 c. à café (2 c. à thé) de sucre en poudre
- Sel et poivre noir fraîchement moulu

Ce plat fait ressortir les saveurs du Sud de la France, les tomates séchées marinées faisant bon ménage avec l'ail et le parfum relevé de la marjolaine. Servez ce plat pour accompagner un simple gigot d'agneau.

• Bien brosser les pommes de terre à l'eau froide, puis les assécher complètement dans un linge à vaisselle. Faire chauffer l'huile d'olive dans une grande poêle à frire à fond épais, ajouter les pommes de terre et cuire à feu moyen de 15 à 20 min, jusqu'à ce qu'elles soient légèrement dorées de tous les côtés et presque tendres. Réduire le feu, puis ajouter le beurre, les herbes, l'ail, le piment et les tomates. Cuire de 3 à 4 min en remuant constamment les pommes de terre. Saupoudrer de sucre et cuire encore de 1 à 2 min, jusqu'à ce que les pommes de terre soient caramélisées. Rectifier l'assaisonnement et servir.

UN PETIT TRUC : Les tomates séchées marinées sont des tomates sucrées, semi-séchées, marinées dans l'huile avec des herbes. Vous devriez en trouver dans les épiceries fines et dans certains supermarchés.

Terrine aux pommes de terre et aux fruits

8 à 10 portions

- 450 g (1 lb) de tranches de bacon entrelardé, la couenne enlevée
- 4 c. à soupe d'huile d'olive
- 1 oignon finement haché
- 675 g (1 ½ lb) de pommes de terre
- 125 g (4 ½ oz) de fruits séchés mélangés comme les pruneaux, les pommes et les abricots, coupés en dés de 2 cm (¾ po)
- 3 œufs
- 100 ml (3 ½ oz) de crème à 35 %
- 2 c. à soupe de fécule de pomme de terre (ou arrow-root)
- 150 g (5 oz) de beaufort ou de gruyère coupé en cubes de 1 cm (½ po)
- Muscade fraîchement râpée
- 25 g (1 oz) de beurre non salé
- Sel et poivre noir fraîchement moulu

Cette terrine un peu inhabituelle se marie bien à des tranches de jambon fumé cuit ou à du gibier. Et elle est encore meilleure quand elle a été faite un ou deux jours avant l'utilisation. Le temps de repos en rehausse la saveur, mais il permet aussi de trancher la terrine plus facilement avant de la faire frire.

- Préchauffer le four à 180 °C (350 °F). Étendre les tranches de bacon en passant le dos d'un couteau le long de chacune d'entre elles, puis en tapisser un moule à pain ou une terrine, en les faisant se chevaucher légèrement et en les laissant dépasser du moule.

- Faire chauffer l'huile d'olive dans une poêle à frire, ajouter l'oignon et le faire sauter jusqu'à ce qu'il soit doré. Le mettre sur une assiette et laisser refroidir. Peler les pommes de terre et les râper grossièrement. Les déposer dans un linge à vaisselle, presser pour enlever le surplus de liquide et les mettre dans un grand bol. Ajouter l'oignon, les fruits séchés, les œufs, la crème, la fécule de pomme de terre et le fromage. Bien mélanger, puis ajouter la muscade, le sel et le poivre. Mettre le mélange dans le moule tapissé de bacon et replier sur le dessus le bacon qui dépasse. Couvrir d'un papier d'aluminium légèrement beurré, placer au four et cuire environ 1 h 30, jusqu'à ce que la terrine soit tendre quand on la pique avec une brochette ou une fourchette. Laisser refroidir et placer au réfrigérateur pour qu'elle prenne.

- Pour servir, retourner la terrine sur une assiette, puis la couper en tranches de 2 cm (¾ po) d'épaisseur. Frire les tranches dans du beurre jusqu'à ce qu'elles soient dorées et légèrement croustillantes.

Beignets de pommes de terre et de ricotta de chèvre

4 portions

Légers, moelleux et une bonne odeur de fromage en prime, voici des beignets aux pommes de terre que tout le monde va adorer. J'aime bien les servir comme hors-d'œuvre végétariens. Si vous ne pouvez trouver de ricotta de chèvre, de la ricotta ordinaire fera l'affaire.

• Placer les pommes de terre dans une casserole, les couvrir d'eau, ajouter un peu de sel et porter à ébullition. Réduire à feu doux et laisser mijoter jusqu'à ce qu'elles soient tendres, puis bien les égoutter dans une passoire. Remettre les pommes de terre dans la casserole et les mettre à feu doux pour les assécher. Les retirer du feu. Ajouter 15 g ($^1/_2$ oz) de beurre et en faire une purée onctueuse, puis y fouetter les jaunes d'œufs. Garder au chaud.

• Couper le reste du beurre en dés, puis le déposer dans une casserole avec l'eau et un peu de sel. Porter à ébullition pour faire fondre le beurre, puis laisser tomber la farine en pluie et mélanger avec une spatule jusqu'à ce que le mélange soit homogène et que les bords de la casserole soient propres. Réduire le feu au plus bas et cuire 1 min en brassant sans arrêt. Retirer du feu et laisser refroidir légèrement, puis y brasser les œufs, un à la fois. Incorporer la purée de pommes de terre, puis ajouter la ricotta. Bien mêler et assaisonner au goût.

• Dans une friteuse ou dans une grande casserole profonde, chauffer l'huile à 160 °C (325 °F). À l'aide d'une cuillère à dessert huilée, laisser tomber dans l'huile chaude du mélange de pomme de terre. Faire frire seulement quelques beignets à la fois pendant 3 à 4 min, jusqu'à ce qu'ils soient gonflés et dorés. Les retirer à l'aide d'une écumoire, puis les égoutter sur du papier essuie-tout. Répéter l'opération jusqu'à ce qu'il ne reste plus de mélange. Parsemer de sel et servir.

UN PETIT TRUC : Ces beignets sont particulièrement savoureux servis avec des tomates acidulées ou avec un chutney aux pommes et garnis de feuilles de roquette.

INGRÉDIENTS

• 450 g (1 lb) de pommes de terre pelées et coupées en morceaux
• 40 g (1 $^1/_2$ oz) de beurre non salé
• 2 jaunes d'œufs
• 120 ml ($^1/_2$ tasse) d'eau
• 50 g (2 oz) de farine tout usage, tamisée
• 2 œufs
• 150 g (5 oz) de ricotta de chèvre
• Huile pour grande friture
• Sel et poivre noir fraîchement moulu

Beignets épicés aux ignames

4 portions

Ces beignets à l'indienne sont faits de tranches d'igname trempées dans une pâte délicatement épicée et frits jusqu'à ce qu'ils soient croustillants. La salade tomate et piment est l'accompagnement parfait.

• Mettre la farine de pois chiches, le garam masala, les graines de moutarde, le curcuma, le cumin et la levure chimique (poudre à pâte) dans un bol et bien mélanger. Incorporer assez d'eau glacée pour faire une pâte épaisse, puis ajouter les piments, les ciboules ou les échalotes et la coriandre. Laisser reposer 20 min.

• Pour faire la salade, mélanger les tomates, l'oignon rouge, le piment, l'ail, l'huile et le jus de citron, puis assaisonner au goût. Disposer sur un plat de service, parsemer de coriandre hachée et laisser reposer à température de la pièce 30 min.

• Dans une friteuse ou dans une casserole profonde, chauffer l'huile à 180 °C (350 °F). Tremper quelques tranches de pomme de terre dans la pâte et les frire pendant environ 3 à 4 min, jusqu'à ce qu'elles soient dorées, en les retournant pendant la cuisson. Les retirer à l'aide d'une écumoire et les égoutter sur du papier essuie-tout. Répéter l'opération jusqu'à ce que toutes les tranches soient frites. Servir chaud avec la salade.

• 150 g (5 oz) de farine de pois chiches
• 1 c. à soupe de garam masala
• $\frac{1}{2}$ c. à soupe de graines de moutarde noire
• $\frac{1}{2}$ c. à café ($\frac{1}{2}$ c. à thé) de curcuma
• 1 c. à café (1 c. à thé) de graines de cumin, grillées rapidement dans une poêle à frire sans corps gras, puis broyées
• $\frac{1}{2}$ c. à café ($\frac{1}{2}$ c. à thé) de levure chimique (poudre à pâte)
• Eau glacée, pour mélanger
• 2 piments jalapeño verts, épépinés et finement hachés
• 3 ciboules ou échalotes finement hachées
• 1 c. à soupe de coriandre moulue
• Huile végétale pour grande friture
• 3 ignames pelées et coupées en tranches de 0,3 cm ($\frac{1}{8}$ po) d'épaisseur

SALADE

• 2 tomates, en tranches
• 1 petit oignon rouge, tranché mince
• 1 piment jalapeño vert, épépiné et finement haché
• 1 gousse d'ail écrasée
• 4 c. à café (4 c. à thé) d'huile d'arachide ou d'huile d'olive
• Le jus de $\frac{1}{2}$ citron
• 1 c. à soupe de coriandre fraîche, hachée
• Sel et poivre noir fraîchement moulu

Kibbé aux pommes de terre farci à l'agneau, à la feta et à la menthe

- 100 g (4 oz) de blé concassé (boulgour)
- 200 ml (7 oz) d'eau bouillante
- 300 g (11 oz) de purée de pommes de terre (sans beurre, ni lait ni crème)
- 1 gros œuf
- 20 g (³/₄ oz) de beurre non salé, fondu
- ½ c. à café (½ c. à thé) de cumin moulu
- ½ c. à café (½ c. à thé) de coriandre moulue
- Une pincée de muscade fraîchement râpée
- Huile végétale pour grande friture
- Sel et poivre noir fraîchement moulu

FARCE
- 4 c. à soupe d'huile d'olive
- 150 g (5 oz) d'agneau haché, maigre
- Une bonne pincée de piment de la Jamaïque moulu
- 25 g (1 oz) de beurre non salé
- 1 petit oignon finement haché
- 2 c. à soupe de pignons
- 75 g (3 oz) de fromage feta émietté
- 2 c. à soupe de menthe fraîche, hachée

Au Moyen-Orient, le kibbé est généralement un mélange de viande hachée très finement, d'oignon, d'épices et de blé concassé. Il en existe de nombreuses variantes. Voici un kibbé aux pommes de terre avec une farce à la viande.

• Mettre le blé concassé dans un bol, le verser dans de l'eau bouillante et laisser reposer de 20 à 25 min, jusqu'à ce que l'eau soit absorbée et que le blé soit gonflé et léger. Laisser refroidir, puis mélanger avec la purée de pommes de terre, l'œuf, le beurre fondu, les épices ainsi que du sel et du poivre. Placer au réfrigérateur pendant la préparation de la farce.

• Chauffer l'huile d'olive dans une poêle à frire jusqu'à ce qu'elle fume. Saler et poivrer l'agneau, puis le frire dans l'huile très chaude, de 10 à 15 min, avec le piment de la Jamaïque, jusqu'à ce qu'il soit bien cuit. Le mettre ensuite dans un bol. Dans la même poêle, chauffer le beurre, ajouter oignon et pignons et cuire jusqu'à ce qu'ils soient dorés. Les ajouter à la viande et laisser refroidir dans le bol, puis incorporer feta et menthe. Séparer le mélange de pommes de terre en 12 et faire de petites galettes. Déposer un peu de farce d'agneau au milieu de chaque galette, puis former un ovale avec le mélange de pommes de terre pour que la farce soit complètement emprisonnée dans le mélange de pommes de terre. Dans une friteuse ou dans une casserole profonde, faire chauffer de l'huile végétale à 180 °C (350 °F), puis faire frire les kibbé jusqu'à ce qu'ils soient dorés et un peu gonflés. Égoutter sur du papier essuie-tout et servir.

VARIANTES
Remplacer l'agneau par l'un des mélanges suivants :

• Des épinards cuits finement hachés, liés avec du fromage à la crème.

• Des pommes de terre sautées, épicées et des olives noires hachées.

UN PETIT TRUC : J'aime servir le kibbé avec une sauce de type Moyen-Orient. Mettre 150 ml (env. ²/₃ tasse) de yogourt nature dans une casserole et fouetter jusqu'à ce qu'il soit homogène. Mélanger 2 c. à soupe de farine de maïs avec un peu d'eau pour former une pâte, l'ajouter au yogourt et brasser continuellement à feu doux jusqu'à ce que la sauce soit juste sous le point d'ébullition et qu'elle ait une consistance épaisse. Incorporer un peu d'ail écrasé et de menthe hachée, puis assaisonner au goût.

PRÉPARATION

- 25 g (1 oz) de beurre non salé
- 1/2 oignon finement haché
- 1/4 c. à café (1/4 c. à thé) de paprika
- 1/4 c. à café (1/4 c. à thé) de piment de la Jamaïque moulu
- 1/2 c. à café (1/2 c. à thé) de cumin moulu
- 200 g (7 oz) de fromage feta émietté
- 1 œuf cuit dur, en dés
- 1 c. à soupe de ciboulette hachée
- 2 c. à soupe de raisins de Corinthe, trempés dans l'eau chaude 30 min, puis égouttés
- 300 g (11 oz) de purée de pommes de terre chaude (sans beurre, ni lait ni crème)
- 1 c. à soupe de farine de maïs
- 3 œufs
- 2 grosses pommes de terre à cuire, pelées
- Huile végétale pour grande friture
- Sel et poivre noir fraîchement moulu

Ici, de simples pommes de terre en purée sont rehaussées de feta, d'œuf dur haché, de raisins de Corinthe et d'épices, puis roulées dans des pommes de terre râpées crues et frites jusqu'à ce qu'elles soient croustillantes. Servez-les accompagnées d'une salade d'influence arabe, composée de tomates, de concombre et d'oignon rouge, et d'une vinaigrette à l'ail, à l'huile d'olive et au citron.

• Faire chauffer le beurre dans une petite casserole, ajouter l'oignon et cuire jusqu'à ce qu'il soit doré. Ajouter le paprika, le piment de la Jamaïque et le cumin et cuire 1 min pour que l'oignon s'imprègne de l'arôme des épices. Mettre ensuite dans un bol, puis ajouter la feta, l'œuf dur, la ciboulette et les raisins.

• Dans un autre bol, mélanger la purée chaude de pommes de terre, la farine de maïs et l'un des œufs, puis saler et poivrer au goût. Se mouiller les mains, puis former des boulettes de la grosseur de balles de golf. Faire un trou profond dans chacune, farcir du mélange de feta, puis reformer la boulette pour que la farce soit complètement couverte par les pommes de terre. Réfrigérer pendant 1 h.

• À l'aide d'une râpe ou de la lame à râper d'une mandoline, râper les pommes de terre, puis les assécher dans un linge. Battre légèrement les 2 œufs qui restent. Sortir les boulettes de pommes de terre du frigo, les tremper dans l'œuf battu, puis les rouler dans les pommes de terre râpées en les façonnant avec les mains pour s'assurer qu'elles soient bien couvertes. Dans une friteuse ou dans une casserole profonde, faire chauffer de l'huile végétale à 160 °C (325 °F). Frire quelques boulettes de pommes de terre à la fois dans l'huile très chaude, de 5 à 8 min, jusqu'à ce qu'elles soient dorées. Les retirer à l'aide d'une écumoire, puis les égoutter sur du papier essuie-tout. Répéter l'opération pour toutes les boulettes. Servir.

UN PETIT TRUC : Si vous faites de plus petites boulettes de pommes de terre, vous pouvez alors les servir comme amuse-gueule.

Aloo tikki

4 portions

• Mettre les pommes de terre non pelées dans une casserole, couvrir d'eau froide, ajouter un peu de sel et porter à ébullition. Réduire le feu et laisser mijoter jusqu'à ce qu'elles soient tendres. Égoutter et laisser refroidir légèrement, puis peler les pommes de terre et les mettre en purée jusqu'à ce qu'elles soient onctueuses.

• À feu élevé, faire chauffer une poêle à frire sans corps gras, ajouter la farine de pois chiches et la faire griller pendant 30 sec, jusqu'à ce qu'elle soit légèrement colorée. Laisser refroidir, ajouter aux pommes de terre en purée, puis saler un peu. Faire chauffer la moitié du beurre clarifié ou de l'huile dans une poêle, ajouter les graines de cumin et l'oignon et cuire jusqu'à ce que l'oignon soit doré. Incorporer les pois, le gingembre, les piments verts, le chili en poudre, la coriandre moulue et le jus de citron, puis ajouter la purée de pommes de terre, le garam masala et la coriandre fraîche. Bien mélanger, mettre dans un bol et laisser refroidir.

• Pour faire le chutney, passer tous les ingrédients au mélangeur ou au robot culinaire jusqu'à l'obtention d'une purée grossière.

• Séparer le mélange de pommes de terre en 8 boules. Les écraser ensuite pour avoir des galettes rondes. Faire chauffer le reste du beurre clarifié ou de l'huile dans une grande poêle à frire, puis frire les galettes jusqu'à ce qu'elles soient dorées des deux côtés. Servir avec le chutney.

UN PETIT TRUC : Le chutney à la menthe, à la saveur indienne bien particulière, peut accompagner les caris, les viandes cuites au tandour, les samosas et plusieurs autres plats encore. Remplacer la menthe par de la coriandre, si désiré.

• 650 g (env. 1 ½ lb) de pommes de terre
• 2 c. à soupe de farine de pois chiches
• 4 c. à soupe de beurre clarifié ou d'huile
• 1 c. à soupe de graines de cumin
• 1 oignon finement haché
• 150 g (5 oz) de pois cuits
• Un morceau de gingembre frais de 2,5 cm (1 po), finement haché
• 2 piments verts, épépinés et finement hachés
• ½ c. à café (½ c. à thé) de chili en poudre
• 2 c. à café (2 c. à thé) de coriandre moulue
• 1 c. à soupe de jus de citron
• 1 c. à soupe de garam masala
• 1 c. à soupe de coriandre fraîche, hachée
• Sel

CHUTNEY À LA MENTHE
• Un bouquet de menthe
• 2 tomates italiennes, coupées en morceaux
• 1 c. à café (1 c. à thé) de graines de cumin
• ½ c. à café (½ c. à thé) de garam masala
• 1 gousse d'ail écrasée
• Le jus de ½ citron
• 1 c. à café (1 c. à thé) de vinaigre de vin blanc

Chaussons aux pommes de terre à l'italienne

- 125 g (4 ½ oz) de purée de pommes de terre chaude (sans beurre, ni lait ni crème)
- 50 g (2 oz) de beurre non salé
- 1 jaune d'œuf
- 125 g (4 ½ oz) de farine tout usage
- 50 g (2 oz) de parmesan fraîchement râpé
- 1 c. à soupe de crème à 35 %
- 2 c. à soupe d'huile d'olive
- Sel et poivre noir fraîchement moulu

GARNITURE
- 2 tomates italiennes, pelées et coupées en 4 tranches chacune
- 1 mozzarella de bufflonne, coupée en 8 tranches
- 1 c. à soupe d'huile d'olive
- 1 gousse d'ail émincée
- 8 feuilles de basilic

PRÉPARATION

Si vous me demandez ce que je considère comme un bon mariage d'aliments, je penserai sûrement aux tomates, à la mozzarella et au basilic. Ici, je les utilise comme garniture de ces délicats chaussons aux pommes de terre. Un plat que tous apprécieront.

• Mettre la moitié de la purée chaude dans un bol, puis y mélanger la moitié du beurre, le jaune d'œuf, du sel et du poivre. Incorporer lentement la farine et le parmesan, puis la crème et former une pâte assez ferme. Façonner en 8 petits chaussons ronds.

• Dans une grande poêle à frire, faire chauffer l'huile et le reste du beurre, ajouter les chaussons aux pommes de terre et cuire de 4 à 5 min de chaque côté, jusqu'à ce qu'ils soient dorés. Les déposer ensuite dans un plat allant au four.

• Garnir le dessus de chaque chausson d'une tranche de tomate, puis y disposer une tranche de mozzarella. Dans une petite poêle, verser l'huile d'olive et y faire infuser l'ail et les feuilles de basilic à feu doux pendant 1 minute. À la cuillère, verser ensuite un peu du mélange sur chacun des chaussons. Saler, poivrer et placer les chaussons au four, à *broil*, jusqu'à ce que le fromage commence à fondre.

VARIANTE : Remplacer la garniture par le mélange suivant : mélanger 100 g (4 oz) de fromage frais avec 1 c. à soupe de ciboulette hachée et 1 c. à soupe de cornichon à l'aneth haché. Garnir chaque chausson d'une bonne cuillerée de ce mélange, parsemer de 50 g (2 oz) de cheddar mûr et placer au four, à *broil*, jusqu'à ce que le fromage soit très chaud et fasse des bulles.

Rouleaux de pommes de terre

4 portions

Dans cette recette, les tranches de prosciutto remplacent les habituelles feuilles de pâte qui recouvrent une farce de cèpes et de pommes de terre à l'ail. Un plat savoureux servi avec un beurre légèrement parfumé au vinaigre balsamique.

• Mettre les pommes de terre non pelées dans une marmite, les couvrir d'eau, ajouter un peu de sel et porter à ébullition. Réduire le feu et laisser mijoter jusqu'à ce qu'elles soient tendres, puis bien les égoutter. Les peler pendant qu'elles sont encore chaudes et les mettre en purée jusqu'à consistance homogène. Les verser dans un bol, puis incorporer 25 g (1 oz) de beurre, le jaune d'œuf et le parmesan râpé.

• Chauffer l'huile dans une poêle à frire, ajouter les cèpes, les oignons verts ou les oignons nouveaux et la moitié de l'ail et frire pendant 2 à 3 min, jusqu'à ce que les champignons soient dorés et tendres. Ajouter à la purée de pommes de terre et mélanger le tout. Ajouter de la muscade, du sel et du poivre au goût, puis laisser refroidir.

• Sur un morceau de papier d'aluminium bien beurré, disposer des tranches de prosciutto qui se chevauchent en formant un carré de 30 cm (12 po). Étendre le mélange de pommes de terre sur le prosciutto en une couche d'environ 1 cm (1/2 po) d'épaisseur. Rouler avec soin, en s'aidant du papier d'aluminium, selon le principe du gâteau roulé. S'assurer que le mélange de pommes de terre soit complètement recouvert par le prosciutto, puis envelopper le rouleau de papier d'aluminium. Placer au réfrigérateur de 2 à 3 h, jusqu'à ce que le rouleau soit bien ferme. Enlever délicatement le papier d'aluminium, puis couper le rouleau en 12 tranches.

• Chauffer 25 g (1 oz) de beurre dans une grande poêle à frire antiadhésive et frire les tranches des deux côtés jusqu'à ce qu'elles soient dorées. Les disposer ensuite dans un plateau de service et garder au chaud. Nettoyer la poêle, ajouter le reste du beurre et chauffer avec le reste de l'ail et les feuilles de sauge jusqu'à ce que le beurre soit mousseux et qu'un parfum de noisette embaume la cuisine. Incorporer le vinaigre balsamique. Verser le beurre mousseux sur les tranches de pomme de terre et garnir de copeaux de parmesan. Servir immédiatement.

UN PETIT TRUC : Les rouleaux peuvent être assemblés, enveloppés dans du papier d'aluminium et gardés 3 jours au réfrigérateur ou 3 semaines au congélateur, puis tranchés et cuits au besoin.

• 450 g (1 lb) de pommes de terre
• 100 g (4 oz) de beurre non salé
• 1 jaune d'œuf
• 75 g (3 oz) de parmesan fraîchement râpé, plus 50 g (2 oz) de copeaux de parmesan frais, pour servir
• 2 c. à soupe d'huile d'olive
• 250 g (9 oz) de cèpes ou autres champignons frais, finement tranchés ou 15 g (1/2 oz) de cèpes séchés*
• 2 oignons verts ou oignons nouveaux finement hachés
• 1 gousse d'ail écrasée
• Muscade fraîchement râpée
• 250 g (9 oz) de prosciutto finement tranché
• 10 petites feuilles de sauge
• 2 c. à soupe de vinaigre balsamique
• Sel et poivre noir fraîchement moulu

* Il faut faire tremper les cèpes séchés dans l'eau bouillante avant de les utiliser.

Galette de pommes de terre glacées au vin rouge

PRÉPARATION

- 75 g (3 oz) de bacon de dos, coupé en lardons (petites languettes)
- 4 oignons verts ou oignons nouveaux, tranchés épais
- 2 grosses gousses d'ail écrasées
- 75 g (3 oz) de marrons surgelés ou emballés sous vide (décongelés), hachés
- 2 c. à soupe de persil frais, haché
- 4 c. à soupe de graisse de canard ou d'oie
- 500 g (1 lb 2 oz) de pommes de terre pelées et coupées en tranches de 0,3 cm (1/8 po) d'épaisseur
- 100 ml (3 1/2 oz) de vin rouge
- Sel et poivre noir fraîchement moulu

Ici, les pommes de terre sont glacées au vin rouge, cela les rend savoureuses et leur donne une belle apparence. Dans cette recette, vous pouvez remplacer le vin par du porto. Ce plat est délicieux avec du gibier. Si vous disposez de plus de temps, préparez des portions individuelles - vous aurez une présentation étonnante !

- Préchauffer le four à 200 °C (400 °F). Faire chauffer une poêle à frire sans corps gras jusqu'à ce qu'elle soit très chaude, ajouter le bacon et le faire sauter de 2 à 3 min, jusqu'à ce qu'il soit doré et croustillant. Incorporer les oignons verts ou les oignons nouveaux, l'ail, les marrons et le persil. Saler et poivrer légèrement, puis retirer du feu et réserver.

- Faire chauffer la moitié de la graisse de canard ou d'oie dans une poêle à frire de 20 cm (8 po) allant au four, puis retirer du feu. Disposer la moitié des tranches de pomme de terre dans la poêle en les faisant se chevaucher, puis saler et poivrer. Garnir du mélange bacon-marron, puis couvrir des tranches de pomme de terre qui restent en les faisant aussi se chevaucher pour que ce soit joli. Verser le reste du gras à la cuillère, puis saler et poivrer.

- Cuire les pommes de terre sur le poêle de 5 à 8 min, jusqu'à ce qu'elles commencent à dorer en dessous. Renverser la galette sur une assiette, puis la remettre dans la poêle, le côté doré sur le dessus. Poursuivre la cuisson jusqu'à ce que l'autre côté soit doré. Mettre une assiette sur les pommes de terre et bien appuyer pour les presser, verser le vin, couvrir d'un papier d'aluminium et cuire 10 min en pressant les pommes de terre de temps en temps, jusqu'à ce que le vin soit évaporé et que les pommes de terre soient rouge clair. Retourner sur une assiette de service et servir immédiatement.

Galettes au fromage garnies
de champignons portobellos et d'œufs

4 portions

Vous pouvez servir ce plat pour le brunch et vous verrez que les végétariens comme les amateurs de viande en raffoleront.

• Mettre la purée dans un bol, ajouter du beurre, l'œuf, le fromage, un peu de sel et bien mélanger. Ajouter peu à peu la farine et pétrir en ajoutant assez de farine pour obtenir une pâte plutôt ferme. Après s'être enfariné les mains, séparer la pâte en 4 boules, puis les aplatir en galettes d'environ 9 cm (3 ½ po) de diamètre et 2 cm (¾ po) d'épaisseur. Les mettre de côté pendant la préparation du beurre à la ciboulette.

• Dans une petite casserole, porter l'eau à ébullition, puis fouetter le beurre, quelques morceaux à la fois, pour faire une sauce légère. Saler et poivrer, ajouter la ciboulette et garder au chaud.

• Frire les galettes de 2 à 3 min de chaque côté dans l'huile, jusqu'à ce qu'elles soient dorées. Entre-temps, cuire les champignons au four à *broil* de 3 à 4 min de chaque côté, jusqu'à ce qu'ils soient tendres.

• Pour pocher les œufs, porter 1 litre (4 tasses) d'eau à ébullition dans une casserole moyenne, ajouter le vinaigre, puis réduire le feu pour que le liquide mijote seulement. Remuer l'eau avec une cuillère, puis y casser délicatement les œufs. Cuire doucement les œufs de 2 à 3 min, jusqu'à ce qu'ils commencent à prendre, mais qu'ils soient encore un peu mollets. À l'aide d'une écumoire, les sortir délicatement de l'eau, puis les égoutter sur du papier essuie-tout.

• Déposer les galettes sur des assiettes de service, garnir chacune d'un champignon, le côté lisse vers le bas, puis couronner d'un œuf poché. Verser de la sauce à la ciboulette et servir avec du pain croûté.

UN PETIT TRUC : Vous pouvez utiliser de la sauce hollandaise plutôt que du beurre à la ciboulette. Pour faire une hollandaise, mettre 4 jaunes d'œufs dans un mélangeur. Porter à ébullition 3 c. à soupe de vinaigre de vin blanc, 2 c. à soupe d'eau, 2 c. à café (2 c. à thé) de grains de poivre noir et 1 oignon vert ou oignon nouveau haché, puis faire mijoter jusqu'à ce qu'il ne reste que 1 c. à soupe du mélange. Filtrer le liquide sur les jaunes d'œufs. Pendant que le moteur tourne lentement, verser peu à peu 225 g (8 oz) de beurre clarifié chaud (voir Un petit truc, p. 151) en filet jusqu'à ce que la sauce ait une consistance assez épaisse. Ajouter un peu de jus de citron, du sel, du poivre noir fraîchement moulu et de la cayenne.

INGRÉDIENTS

• 350 g (12 oz) de purée de pommes de terre chaude (sans beurre, ni lait ni crème)
• 25 g (1 oz) de beurre non salé
• 1 petit œuf battu
• 25 g (1 oz) de cheddar mûr, râpé
• Environ 125 g (4 ½ oz) de farine à levure
• 4 c. à soupe d'huile végétale
• 4 gros champignons portobellos
• 4 c. à soupe de vinaigre
• 4 œufs
• Sel et poivre noir fraîchement moulu

BEURRE DE CIBOULETTE
• 5 c. à soupe d'eau
• 125 g (4 ½ oz) de beurre non salé refroidi, coupé en petits morceaux
• 2 c. à soupe de ciboulette hachée

Céleri-rave et galettes de pommes de terre à l'auvergnate

- 100 g (4 oz) de bacon fumé, coupé en petits morceaux
- 250 g (9 oz) de pommes de terre pelées et coupées en cubes de 1 cm (½ po)
- 125 g (4 ½ oz) de céleri-rave pelé et coupé en cubes de 1 cm (½ po)
- 150 g (5 oz) de tomme de Savoie en cubes
- 2 c. à soupe de persil frais, haché
- Sel et poivre noir fraîchement moulu

PRÉPARATION

Ces traditionnelles galettes de pommes de terre françaises, qui proviennent plus précisément d'Auvergne, sont relevées de fromage fondu et de bacon fumé. De plus, j'aime bien leur ajouter du céleri-rave.

• Faire chauffer une poêle à omelette de 20 cm (8 po) jusqu'à ce qu'elle fume, ajouter le bacon fumé et frire jusqu'à ce qu'il ait rendu sa graisse. Ajouter les pommes de terre et le céleri-rave et cuire de 8 à 10 min, en brassant constamment, jusqu'à ce que les légumes soient légèrement dorés et qu'ils commencent à ramollir. Incorporer le fromage et le persil, en prenant soin de ne pas briser les pommes de terre et le céleri-rave. Saler et poivrer. Égaliser le mélange avec une spatule métallique, réduire le feu et cuire doucement de 15 à 20 min, jusqu'à ce que le mélange soit croustillant et doré en dessous. Retourner et cuire de l'autre côté, puis déposer sur une assiette et servir.

UN PETIT TRUC : Les bonnes fromageries et certains supermarchés proposent de la tomme de Savoie. S'il vous est impossible d'en trouver, utilisez du fromage à la crème, même si le résultat est tout à fait différent.

Les frites parfaites

PRÉPARATION

INGRÉDIENTS

- 4 grosses pommes de terre
- Huile de tournesol ou saindoux, pour grande friture
- Gros sel de mer

• Peler les pommes de terre, les rincer à l'eau froide, puis les assécher sur du papier essuie-tout. Les couper en lanières d'environ 1 cm (¹/₂ po) de largeur sur 5 à 7,5 cm (2 à 3 po) de longueur.

• Remplir à moitié d'huile de tournesol ou de saindoux une friteuse ou une casserole profonde à fond épais et chauffer à 150 °C (300 °F). Y faire frire une partie des pommes de terre de 5 à 8 min, jusqu'à ce qu'elles soient tendres, mais encore très pâles. Répéter l'opération pour toutes les frites. Les retirer de l'huile ou du saindoux, puis les égoutter sur du papier essuie-tout (les frites peuvent être préparées jusqu'à cette étape plusieurs heures d'avance, du moment que la dernière friture est faite juste avant de servir).

• Augmenter la température de l'huile ou du saindoux à 200 °C (400 °F) et remettre une partie des frites dans la friteuse. Répéter l'opération pour toutes les frites. Frire de 2 à 3 min, jusqu'à ce qu'elles soient dorées et croustillantes. Les égoutter sur du papier essuie-tout, puis les mettre sur une assiette de service chaude. Parsemer généreusement de gros sel et servir.

Trempettes pour chips et frites

Voici mes trempettes préférées pour accompagner les chips :

• Mayonnaise moutarde-paprika (voir p. 137).

• Mayonnaise à la harissa – incorporer simplement de la pâte de harissa à une mayonnaise de bonne qualité jusqu'à ce que vous la trouviez assez épicée.

• Mayonnaise tomate et gingembre frais – râper finement un morceau de 1 cm (¹/₂ po) de gingembre frais, puis l'incorporer à 100 ml (3 ¹/₂ oz) de mayonnaise de bonne qualité aromatisée au goût avec du ketchup.

Frites barbecue

4 portions

Il n'est pas nécessaire d'utiliser tout le mélange d'assaisonnement pour barbecue dans cette recette, mais on peut conserver le reste dans un contenant hermétique environ 1 mois. Cet assaisonnement, qui est très polyvalent, peut être saupoudré sur des légumes ou on peut en frotter du poisson ou de la viande avant de les cuire au barbecue ou de les faire griller.

• Pour le mélange d'épices barbecue, mettre tous les ingrédients dans un bol et bien mélanger le tout.

• Préparer et cuire les frites comme dans les Frites parfaites (voir p. 106). Après la deuxième friture, mettre les frites dans un moule tapissé de papier essuie-tout pour absorber l'excès d'huile, parsemer légèrement de sel de mer, puis d'environ 2 c. à soupe d'assaisonnement pour barbecue. Servir immédiatement.

PRÉPARATION

INGRÉDIENTS

- 4 grosses pommes de terre
- Huile de tournesol pour grande friture
- Sel de mer

MÉLANGE D'ASSAISONNEMENT POUR BARBECUE

- 2 c. à soupe de flocons de piment rouge séché
- 1 ½ c. à soupe de paprika
- 1 ½ c. à café (1 ½ c. à thé) de cumin moulu
- 1 ½ c. à café (1 ½ c. à thé) de coriandre moulue
- 1 ½ c. à café (1 ½ c. à thé) de sucre en poudre
- 1 c. à café (1 c. à thé) de sel
- ½ c. à café (½ c. à thé) de moutarde en poudre
- ½ c. à café (½ c. à thé) de poivre noir fraîchement moulu
- ½ c. à café (½ c. à thé) de thym séché
- ½ c. à café (½ c. à thé) de cari doux
- 1 c. à café (1 c. à thé) de cayenne

Chips au four

4 portions

D'accord, vous pouvez acheter des chips, mais est-ce vraiment une bonne idée ? Voici un truc pour remplacer les chips du commerce, et vous n'aurez pas besoin de casserole remplie de graisse que vous devrez surveiller sans cesse. Il vous faudra seulement un grand plat allant au four.

• Préchauffer le four à 200 °C (400 °F). Couper les pommes de terre non pelées en gros morceaux et les déposer à plat en formant une seule couche dans un grand moule allant au four. Verser l'huile et y remuer les pommes de terre, puis y mettre du gros sel et un peu de poivre. Placer au four et cuire 30 min, le temps qu'elles prennent couleur à la base. Les retourner et poursuivre la cuisson de 10 à 15 min, jusqu'à ce qu'elles soient dorées et très croustillantes. Servir très chaud, dès la sortie du four.

VARIANTE : Des patates douces ou des ignames peuvent aussi faire de très bonnes chips. Il faut alors les utiliser de la même façon.

- 650 g (env. 1 ½ lb) de pommes de terre
- 4 c. à soupe d'huile végétale
- Sel de mer et poivre noir fraîchement moulu

PAINS, CRÊPES ET TOURTES

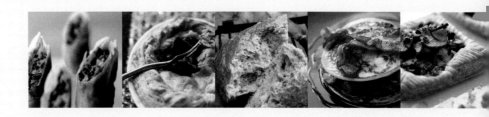

Si vous croyez que les recettes de ce chapitre pèchent par leur lourdeur, vous aurez une agréable surprise. Les pommes de terre peuvent ajouter de la légèreté à plusieurs plats, particulièrement aux pains, aux crêpes et aux tartes. Certaines tartes sont consistantes, comme la Tourte aux pommes de terre, à la mozzarella et au salami, mais d'autres constituent de délicates petites bouchées que vous pouvez servir en canapé : essayez le Kipfel au jambon fumé et au roquefort ou les Empanadas de pommes de terre et de morue salée.

Traditionnellement, le fait d'ajouter des pommes de terre à la pâte quand on faisait du pain était une façon d'utiliser davantage cette précieuse farine, mais les pains de pommes de terre ont vite été recherchés pour leur texture légère et parce qu'ils se conservaient très bien. Ces pains font partie de différentes cuisines, des Petits pains de pommes de terre d'Irlande aux Petites crêpes de pommes de terre à l'indienne ou au Pain craquelin de pommes de terre.

Les crêpes de pommes de terre sont très populaires dans le monde entier, et ce chapitre pouvait malheureusement en contenir seulement une petite quantité. Elles peuvent être étonnamment raffinées – pour des crêpes d'une ultime légèreté, essayez les célèbres Crêpes vonnassiennes du réputé restaurant français de Georges Blanc.

Petits pains de pommes de terre

4 portions

INGRÉDIENTS

- 250 g (9 oz) de pommes de terre pelées et coupées en morceaux
- 25 g (1 oz) de beurre non salé, fondu
- 50 g (2 oz) de farine tout usage
- Une pincée de sel

Servir ces traditionnels petits pains irlandais avec du beurre et du sucre ou des confitures ou encore avec ce que l'on nomme là-bas Ulster fry (recette ci-dessous).

• Mettre les pommes de terre dans une casserole, les couvrir d'eau froide, ajouter un peu de sel et porter à ébullition. Les faire mijoter jusqu'à ce qu'elles soient tendres, puis bien les égoutter et les remettre dans la casserole à feu doux pour les assécher. En faire une purée lisse, la mettre dans un bol et y mélanger le beurre fondu. Incorporer ensuite la farine et le sel pour obtenir une pâte assez tendre et malléable. Placer la pâte sur un plan de travail légèrement enfariné et l'abaisser en un cercle de 20 à 23 cm (8 à 9 po), d'environ 0,5 cm (¼ po) d'épaisseur. La couper en 6 morceaux et cuire dans une poêle à frire à fond épais ou sur une plaque en fonte plate, sans corps gras, environ 2 minutes de chaque côté, jusqu'à ce qu'ils soient légèrement dorés. Servir chaud.

UN PETIT TRUC : Les petits pains ou petits gâteaux de pommes de terre, que les Irlandais appellent *farls,* sont meilleurs lorsqu'ils sont faits quand les pommes de terre sont encore chaudes. Si elles ont refroidi, réchauffez-les 30 sec au micro-ondes. Si vous préférez, après avoir abaissé la pâte, coupez-la en plus petits cercles de 5 cm (2 po).

Ulster fry
(petit-déjeuner à l'irlandaise)

4 portions

• Prenez des saucisses de porc, du bacon, du boudin noir, des tomates et des œufs et préparez un petit-déjeuner traditionnel. Les œufs sont meilleurs quand ils sont cuits dans le gras de bacon. Servir chaud avec les Petits pains de pommes de terre. On peut aussi ajouter à ce petit-déjeuner une tranche de pomme caramélisée, même si ce n'est pas la façon traditionnelle de servir ce plat.

Petites crêpes de pommes de terre à l'indienne

- 1 grosse pomme de terre au four
- ½ c. à café (½ c. à thé) de graines de cardamome
- ½ c. à café (½ c. à thé) de graines de carvi
- 1 c. à café (1 c. à thé) de graines de cumin
- 150 g (5 oz) de farine blanche forte
- ½ c. à café (½ c. à thé) de cumin moulu
- ¼ c. à café (¼ c. à thé) de poivre noir concassé
- 1 c. à café (1 c. à thé) de garam masala (voir Un petit truc)
- 1 c. à soupe de coriandre fraîche, hachée
- 1 piment vert, épépiné et haché
- 2 c. à soupe d'huile végétale
- Huile pour grande friture
- Sel

PRÉPARATION

Dans le nord de l'Inde, au petit-déjeuner, ces petites crêpes accompagnent généralement un plat à base de pommes de terre. Dans cette recette, c'est la pâte qui contient des pommes de terre. Voici donc l'accompagnement idéal d'un thali, *repas à l'indienne classique servi sur un plateau.*

• Faire cuire la pomme de terre au four jusqu'à ce qu'elle soit tendre (voir p. 68), la peler quand elle est encore chaude et passer la chair dans un tamis au-dessus d'un bol. Faire griller rapidement les graines de cardamome, de carvi et de cumin dans une poêle à frire sans corps gras jusqu'à ce qu'elles dégagent une bonne odeur et qu'elles soient légèrement colorées, puis les incorporer aux pommes de terre.

• Tamiser la farine dans un bol, puis incorporer le cumin, le poivre, le garam masala, la coriandre, le piment et du sel. Ajouter la pomme de terre et, à l'aide du bout des doigts, la mêler à la farine. Verser l'huile et pétrir pour former une pâte, en ajoutant un peu d'eau chaude si la pâte est trop ferme. La retourner sur un plan de travail légèrement enfariné et pétrir de 8 à 10 min, jusqu'à ce qu'elle soit tendre et élastique, puis en faire une boule lisse. Remettre la pâte dans le bol, la badigeonner d'un peu d'huile, la couvrir d'un linge à vaisselle et laisser reposer 45 min.

• Retourner la pâte et la pétrir de 2 à 3 min, puis la séparer en 8 boules. Aplatir chaque boule avec la paume de la main, puis l'abaisser sur une surface enfarinée en cercles de 20 cm (8 po). Chauffer l'huile dans une friteuse ou dans une casserole profonde à 160 °C (325 °F). Frire les petites crêpes jusqu'à ce qu'elles soient dorées, en les retournant dans l'huile, à l'occasion, et en les poussant vers le bas à l'aide d'une cuillère de bois pour les garder immergées. Égoutter sur du papier essuie-tout et conserver au chaud jusqu'à ce que toutes les crêpes soient cuites.

UN PETIT TRUC : Pour faire du garam masala, mélanger 4 c. à café (4 c. à thé) de cardamome moulue, 1 c. à café (1 c. à thé) de cannelle moulue, ½ c. à café (½ c. à thé) de clous de girofle moulus, 1 c. à café (1 c. à thé) de cumin moulu et 1 c. à café (1 c. à thé) de poivre noir moulu. Conserver dans un contenant hermétique.

Pain au fenouil et aux patates douces

4 portions

*Voici une recette que j'ai depuis de nombreuses années. C'est un
excellent pain, mais je n'en connais pas l'origine.*

• Préchauffer le four à 190 °C (375 °F). Placer la patate douce dans un
plat allant au four et cuire environ 1 h ou jusqu'à ce qu'elle soit tendre. La
peler en jetant la peau, passer la chair dans un tamis et laisser refroidir.

• Tamiser la farine et le sel dans un grand bol, puis y incorporer le
beurre jusqu'à ce que le mélange ressemble à de la chapelure. Bien
mélanger la levure et le sucre, puis y incorporer 215 ml (7 ½ oz) de lait
et les œufs battus. Faire un puits au centre de la farine, ajouter la patate
douce, puis le mélange de levure. En utilisant d'abord un couteau, puis
la main, mélanger pour obtenir une pâte molle, en ajoutant plus de lait
au besoin. Déposer la pâte sur une surface légèrement enfarinée et pétrir
environ 10 min, jusqu'à ce qu'elle soit lisse et élastique. La mettre ensuite
dans un bol propre, couvrir d'une pellicule plastique et laisser reposer
dans un endroit chaud environ 1 h ou jusqu'à ce qu'elle ait une fois et
demie son volume original. La déposer ensuite sur une planche enfarinée,
parsemer de coriandre, puis des graines de fenouil et de citrouille et
pétrir 5 min. Façonner la pâte en un pain rond et le placer dans un plat
allant au four huilé. Avec un couteau, faire des marques sur le dessus,
recouvrir d'une pellicule plastique huilée et laisser reposer dans un
endroit chaud 15 min ou jusqu'à ce que la pâte ait une fois et demie son
volume original.

• Préchauffer le four à 200 °C (400 °F). Badigeonner délicatement le
dessus du pain d'œuf battu et cuire au four de 35 à 40 min, jusqu'à
ce qu'il soit bien gonflé et qu'il sonne creux quand on frappe sous
le moule.

• 1 grosse patate douce, d'environ 225 à 275 g
(8 à 10 oz)
• 675 g (1 ½ lb) de farine blanche forte
• 1 c. à soupe de sel
• 55 g (2 oz) de beurre non salé, coupé
en petits morceaux
• 25 g (1 oz) de levure fraîche
• 2 c. à café (2 c. à thé) de sucre en poudre
• Environ 300 ml (1 ¼ tasse) de lait tiède
• 2 œufs battus, plus une quantité
supplémentaire d'œuf battu pour
badigeonner
• 2 c. à café (2 c. à thé) de coriandre moulue
• 3 c. à soupe de graines de fenouil, grillées
rapidement dans une poêle à frire sans
corps gras
• 25 g (1 oz) de graines de citrouille

Pain italien de pommes de terre

4 portions

Ce pain farci regorge des saveurs ensoleillées de l'Italie. C'est un plat parfait pour les pique-niques. Vous pouvez aussi l'utiliser comme pâte à pizza si vous omettez de l'abaisser.

• Mélanger la levure avec l'eau tiède. Tamiser la farine et le sel dans un bol, puis incorporer la purée de pommes de terre. Faire un puits au centre, ajouter le mélange de levure et mêler pour obtenir une pâte plutôt tendre. Retourner la pâte sur une surface enfarinée et pétrir environ 10 min, jusqu'à ce qu'elle soit lisse et flexible. La déposer dans un bol propre, couvrir d'un linge et laisser reposer dans un endroit chaud de 1 h à 1 h 30, jusqu'à ce qu'elle ait doublé de volume.

• Tapoter la pâte qui a gonflé pour expulser une partie de l'air qu'elle contient et l'abaisser en un rectangle de 30 x 25 cm (12 x 10 po), d'environ 0,5 cm (¼ po) d'épaisseur. Disposer les tranches de pomme de terre nouvelle sur la pâte en laissant un espace d'environ 2,5 cm (1 po) tout autour. Garnir les pommes de terre de prosciutto, parsemer de mozzarella et de basilic, puis verser en filet la moitié de l'huile d'olive. Saler et poivrer. Rouler la pâte pour bien emprisonner la farce, y verser en filet le reste de l'huile d'olive et placer dans un plat allant au four graissé. Couvrir et laisser dans un endroit chaud environ 40 min, jusqu'à ce qu'elle gonfle. Entre-temps, préchauffer le four à 180 °C (350 °F). Cuire le pain de 30 à 35 min, jusqu'à ce qu'il soit doré. Laisser refroidir avant de servir.

• 25 g (1 oz) de levure fraîche
• 350 ml (12 oz) d'eau tiède
• 400 g (14 oz) de farine blanche forte
• 1 c. à café (1 c. à thé) de sel
• 150 g (5 oz) de purée de pommes de terre (sans beurre, ni lait ni crème)

FARCE
• 250 g (9 oz) de pommes de terre nouvelles, cuites, en tranches
• 150 g (5 oz) de prosciutto en tranches minces
• 150 g (5 oz) de mozzarella en cubes
• 10 feuilles de basilic
• 4 c. à soupe d'huile d'olive
• Gros sel et poivre noir fraîchement moulu

Pain craquelin de pommes de terre

4 portions

- 900 g (2 lb) de pommes de terre au four
- 25 g (1 oz) de beurre non salé
- 225 g (8 oz) de farine à levure
- Gros sel et poivre noir fraîchement moulu

PRÉPARATION

Ce plat est originaire de Norvège et on le sert souvent les jours de fête. Pour le préparer, on utilise un rouleau particulier que l'on nomme lefse, *mais le bon vieux rouleau à pâtisserie que vous avez à la maison fera l'affaire. J'aime bien servir ces pains de pommes de terre avec du saumon fumé et un peu de raifort crémeux.*

• Faire cuire les pommes de terre au four jusqu'à ce qu'elles soient tendres (voir p. 68), puis les couper en deux. À l'aide d'une cuillère, enlever la chair et la passer à travers un tamis ou dans un presse-purée. Y mélanger le beurre ainsi qu'un peu de sel et de poivre, puis laisser reposer. Incorporer 175 g (6 oz) de farine, puis ajouter graduellement le reste de la farine pour obtenir une pâte ferme (il ne sera peut-être pas nécessaire d'utiliser toute la farine). Séparer la pâte en 4, puis séparer chaque portion en 4 encore une fois. Sur une surface enfarinée, abaisser chaque morceau en un disque de l'épaisseur d'une feuille de papier.

• Faire chauffer une poêle à crêpe plate en fonte ou une grande poêle à frire antiadhésive jusqu'à ce qu'elle soit assez chaude et cuire chaque disque de 1 à 2 min de chaque côté, jusqu'à ce qu'il soit partiellement doré. Empiler les disques les uns sur les autres à mesure qu'on les sort de la poêle, pour les garder chauds et tendres.

Röstis aux poires accompagnés de boudin et de raclette

- 450 g (1 lb) de pommes de terre
- 1 poire mûre, mais ferme
- 1 jaune d'œuf
- 2 c. à soupe de fécule de pomme de terre (ou arrow-root)
- 75 g (3 oz) de bacon entrelardé fumé, haché
- 4 c. à soupe d'huile végétale
- 24 petites tranches de boudin noir de la meilleure qualité
- 8 tranches de fromage à raclette
- Sel et poivre noir fraîchement moulu

PRÉPARATION

Voici un mélange de rösti et de galette de pommes de terre. Les röstis traditionnels sont seulement faits de pommes de terre râpées, alors que ceux-ci comportent de la farine de pomme de terre pour absorber l'humidité de la poire et faciliter la liaison du mélange. Je les garnis de boudin noir et de tranches de raclette, un fromage exceptionnellement bon qui provient du Valais, en Suisse, et de la Savoie, en France.

• Cuire les pommes de terre avec leur pelure dans de l'eau bouillante salée jusqu'à ce qu'elles soient encore un peu fermes, puis les égoutter dans une passoire. Les peler, puis les laisser refroidir. Les râper grossièrement, les mettre dans un linge à vaisselle et presser pour enlever le plus de liquide possible. Mettre les pommes de terre râpées dans un bol.

• Peler, évider et râper la poire, puis lui enlever le plus d'humidité possible dans un linge à vaisselle en procédant comme pour les pommes de terre. L'ajouter aux pommes de terre, puis saler et poivrer au goût. Incorporer le jaune d'œuf et la fécule de pomme de terre. Faire chauffer une poêle à frire jusqu'à ce qu'elle soit très chaude, ajouter le bacon et frire jusqu'à ce qu'il soit croustillant. Ajouter au mélange de pommes de terre et bien mêler.

• Dans une poêle à frire à fond épais, chauffer la moitié de l'huile végétale et y placer 8 anneaux de métal beurrés de 7,5 cm (3 po) (ou en placer 4 à la fois, selon la grandeur de la poêle). À l'aide d'une cuillère, mettre du mélange de pommes de terre dans les anneaux pour obtenir une épaisseur d'environ 1 cm ($^1/_2$ po) et cuire environ 10 min de chaque côté, jusqu'à ce que le mélange soit doré et croustillant, en pressant les cercles de temps en temps. Retirer les anneaux de la poêle et garder les röstis au chaud. Chauffer le reste de l'huile dans la poêle et frire les tranches de boudin jusqu'à ce qu'elles soient dorées et croustillantes des deux côtés.

• Déposer 3 tranches de boudin sur chaque rösti, garnir d'une tranche de raclette et placer au four, à *broil,* jusqu'à ce que le fromage soit fondu. Servir immédiatement.

UN PETIT TRUC : En Suisse, la raclette et les pommes de terre constituent un plat classique. Pour vous offrir un plaisir simple, mais raffiné, faites fondre une bonne quantité de fromage raclette dans une casserole, versez-le immédiatement sur un plat de pommes de terre nouvelles bouillies, puis servez le tout avec des cornichons.

Socca aux pommes de terre garnies de foies de poulet à la provençale

4 portions

La socca est une grande galette de farine de pois chiches vendue dans le Sud de la France par des marchands ambulants. Cette galette est délicieuse et facile à préparer. Ici, j'ai ajouté des pommes de terre râpées à la pâte de pois chiches de base.

• Préchauffer le four à 240 °C (475 °F). Pour faire la galette, cuire les pommes de terre dans une casserole d'eau bouillante salée jusqu'à ce qu'elles soient tout juste tendres, les égoutter et les peler. Râper les pommes de terre et réserver. Mettre la farine de pois chiches dans un bol, puis ajouter l'eau en formant un courant régulier et en brassant sans arrêt pour obtenir une pâte lisse. Ajouter l'huile d'olive, puis saler et poivrer. Incorporer les pommes de terre râpées.

• Verser une mince couche d'huile d'olive dans un grand plat épais allant au four, puis le mettre au four jusqu'à ce qu'il fume presque. Verser la pâte dans le plat – il devrait y en avoir environ 2,5 cm (1 po) d'épaisseur – et le déposer au four. Éteindre le four immédiatement et placer le plat sous la grille très chaude. Cuire de 10 à 15 min en piquant les bulles avec la pointe d'un couteau à mesure qu'elles se forment, jusqu'à ce que le dessus de la galette soit bien doré et même un peu brûlé à certains endroits. Le dessous de la galette doit être cuit, mais doit rester tendre et humide. Garder au chaud pendant la préparation de la garniture.

• Chauffer l'huile dans une poêle à frire jusqu'à ce qu'elle fume. Ajouter les foies de poulet et cuire de 3 à 4 min, jusqu'à ce qu'ils soient dorés à l'extérieur, mais encore rosés à l'intérieur. Retirer de la poêle et garder au chaud. Ajouter l'ail, les oignons verts ou les oignons nouveaux et le beurre à la poêle et cuire jusqu'à ce que les oignons soient tout juste tendres. Verser le vin et faire mijoter jusqu'à ce qu'il ait réduit de moitié, puis ajouter les tomates, le miel et les olives et faire chauffer doucement. Remettre les foies de poulet dans la poêle avec les feuilles de basilic, du sel et du poivre, puis réchauffer rapidement.

• Pour servir, couper la galette en carrés de 5 cm (2 po) et la partager dans 4 assiettes de service, puis garnir du mélange de foies de poulet.

INGRÉDIENTS

- 2 c. à soupe d'huile d'olive
- 225 g (8 oz) de foies de poulet
- 2 gousses d'ail écrasées
- 2 oignons verts ou oignons nouveaux en dés
- 25 g (1 oz) de beurre non salé
- 4 c. à soupe de vin blanc sec
- 100 g (4 oz) de tomates séchées marinées
- 1 c. à soupe de miel liquide
- 12 olives noires
- 6 feuilles de basilic
- Sel et poivre noir fraîchement moulu

GALETTE
- 175 g (6 oz) de pommes de terre
- 125 g (4 ½ oz) de farine de pois chiches
- 375 ml (13 oz) d'eau
- 2 c. à soupe d'huile d'olive, plus quantité supplémentaire pour la cuisson

- 250 g (9 oz) de pommes de terre pelées et coupées en morceaux
- 100 ml (3 1/2 oz) de lait à 3,25 %
- 2 c. à soupe de fécule de pomme de terre (ou farine tout usage)
- 2 œufs
- 2 blancs d'œufs
- 4 c. à soupe de crème à 35 %
- Beurre clarifié pour la friture (voir Un petit truc, p. 151)
- Sel et poivre noir fraîchement moulu

Crêpes vonnassiennes

4 portions

Ces crêpes de pommes de terre légères sont le plat vedette du célèbre restaurant français La Mère Blanc, à Vonnas, près de Lyon.

• Mettre les pommes de terre dans une casserole, couvrir d'eau froide, ajouter du sel et porter à ébullition. Placer un couvercle sur la casserole et faire mijoter jusqu'à ce qu'elles soient tendres, puis les égoutter dans une passoire et les remettre dans la casserole. Ajouter le lait et faire une purée homogène en s'assurant qu'il ne reste plus de morceaux de pomme de terre. En fouettant, incorporer la fécule de pomme de terre, les œufs entiers, un à la fois, puis les blancs d'œufs. Ajouter la crème, puis saler et poivrer au goût. Laisser reposer 20 min avant de cuire la pâte, mais ne pas réfrigérer.

• Faire chauffer une très mince couche de beurre clarifié dans une poêle à frire antiadhésive, puis y verser environ 2 c. à soupe de pâte à la fois pour faire de petites crêpes d'environ 0,5 cm (1/4 po) d'épaisseur et 7,5 cm (3 po) de diamètre. Cuire de 1 à 2 min, jusqu'à ce qu'elles soient dorées et légèrement croustillantes en dessous, puis les retourner et cuire encore 2 min. Les retirer de la poêle et les égoutter sur le papier essuie-tout. Servir très chaud.

UN PETIT TRUC : Servez ces crêpes garnies de saumon fumé, de caviar et de crème fraîche ou, selon l'une de mes façons préférées, avec de minces tranches de carpaccio d'églefin et de la crème fraîche aromatisée à la moutarde aux herbes.

Blinis de pommes de terre au bacon et aux bananes

4 portions

Voici un plat succulent pour le petit-déjeuner. Un mélange inhabituel attire l'attention : du bacon croustillant et des bananes.

• Pour faire les blinis, mélanger la purée de pommes de terre chaude et la farine, puis incorporer l'œuf et le jaune d'œuf. Verser graduellement assez de lait pour obtenir une pâte qui tombe facilement de la cuillère. Saler et poivrer. Faire chauffer le beurre dans une poêle antiadhésive, puis y verser environ 2 c. à soupe de pâte à la fois pour faire de petites crêpes d'environ 0,5 cm (¼ po) d'épaisseur et 7,5 cm (3 po) de diamètre (il faut faire 8 crêpes au total). Cuire de 2 à 3 min de chaque côté, jusqu'à ce qu'elles soient dorées et cuites, puis les retirer de la poêle et garder au chaud.

• Peler et couper les bananes en morceaux. Faire chauffer le beurre et la cassonade dans une poêle à frire jusqu'à ce qu'ils soient légèrement caramélisés, puis ajouter les bananes et cuire jusqu'à ce qu'elles soient dorées. Entre-temps, faire frire ou griller le bacon jusqu'à ce qu'il soit croustillant. Mettre la moitié des crêpes dans 4 assiettes, puis garnir chaque crêpe de banane. Couvrir des crêpes qui restent, puis ajouter le bacon. Verser le sirop d'érable et servir immédiatement.

INGRÉDIENTS

- 2 grosses bananes
- 25 g (1 oz) de beurre non salé
- 1 c. à soupe de cassonade
- 8 tranches de bacon entrelardé, la couenne enlevée
- 100 ml (3 ½ oz) de sirop d'érable

BLINIS

- 175 g (6 oz) de purée de pommes de terre chaude (sans beurre, ni lait ni crème)
- 75 g (3 oz) de farine tout usage
- 1 œuf
- 1 jaune d'œuf
- Environ 100 ml (3 ½ oz) de lait à 3,25 %
- 25 g (1 oz) de beurre non salé
- Sel et poivre noir fraîchement moulu

Kipfel au jambon fumé et au roquefort

4 portions

Le kipfel *est un type de croissant autrichien savoureux, farci de toutes sortes de bonnes choses. J'ai ajouté des pommes de terre à la pâte, ce qui constitue une base extraordinaire à la garniture de jambon et de fromage. Le fromage quark est souvent utilisé dans la pâte et dans la garniture, mais j'aime ajouter la saveur caractéristique du fromage bleu qui donne, à mon avis, un meilleur résultat.*

• Pour faire la pâte, mettre la pomme de terre dans une casserole, couvrir d'eau froide, ajouter du sel et porter à ébullition. Mettre un couvercle sur la casserole et laisser mijoter pendant 10 min, puis égoutter et laisser refroidir. Peler la pomme de terre et la râper finement.

• Dans un bol, mélanger le fromage quark, la farine, le beurre, l'œuf, la muscade et le sel, puis incorporer la pomme de terre râpée pour obtenir une pâte malléable. Couvrir et laisser reposer jusqu'à 1 h.

• Entre-temps, préparer la garniture. Faire fondre le beurre dans une casserole, incorporer la farine et cuire à feu doux 1 min. Y fouetter la crème avec une cuillère de bois, puis laisser mijoter 1 ou 2 min pour obtenir une crème très épaisse. Retirer du feu et laisser reposer jusqu'à ce que la sauce soit tiède. Incorporer les herbes, le jambon et le roquefort et mettre au frais.

• Préchauffer le four à 220 °C (425 °F). Sur une surface légèrement enfarinée, abaisser la pâte en un long rectangle de 12 cm (5 po) de large, puis le couper en triangles d'environ 12 cm (5 po) de chaque côté. Séparer la pâte entre les triangles, puis l'abaisser en croissants pour que la pâte soit complètement utilisée. Déposer dans un plat allant au four, puis badigeonner du mélange œuf-lait. Cuire de 25 à 30 min, jusqu'à ce que les croissants soient bien dorés et… délicieux!

- ½ c. à soupe de beurre non salé
- ½ c. à soupe de farine tout usage
- 100 ml (3 ½ oz) de crème à 35 %
- 1 c. à soupe de marjolaine fraîche, hachée
- 1 c. à soupe de persil frais, haché
- 150 g (5 oz) de jambon fumé cuit, haché
- 75 g (3 oz) de fromage roquefort froid, coupé en cubes de 1 cm (½ po)
- Un petit œuf battu et du lait pour badigeonner

PÂTE

- 1 petite pomme de terre d'environ 100 g (4 oz)
- 100 g (4 oz) de fromage quark (ou fromage en crème)
- 100 g (4 oz) de farine tout usage
- 50 g (2 oz) de beurre non salé, ramolli
- 1 œuf
- Muscade fraîchement râpée, au goût
- Sel

Empanadas de pommes de terre et de morue salée

- 200 g (7 oz) de filets de morue frais sans la peau
- 50 g (2 oz) de sel de mer
- 200 ml (7 oz) de lait à 3,25 %
- 3 gousses d'ail écrasées
- 300 g (11 oz) de pommes de terre pelées et coupées en cubes de 0,5 cm (¼ po)
- 3 c. à soupe d'huile d'olive
- Une pincée de cayenne
- 3 c. à soupe de persil frais, haché
- Sel et poivre noir fraîchement moulu

RELISH À L'ORANGE ET AU POIVRON

- 2 oranges
- 6 tomates séchées, coupées
- 4 poivrons rouges grillés, pelés, épépinés et hachés
- 1 gousse d'ail écrasée
- 2 c. à soupe de sucre en poudre
- 4 c. à soupe de vinaigre balsamique

PÂTE

- 500 g (1 lb 2 oz) de farine tout usage
- Une pincée de sel
- 150 g (5 oz) de beurre non salé, coupé en petits morceaux
- 100 ml (3 ½ oz) d'eau
- Un petit œuf battu pour badigeonner

PRÉPARATION

- Faire d'abord la relish. Râper le zeste de l'une des oranges, puis peler et mettre les deux oranges en quartiers. Dans une assiette, hacher les quartiers en conservant le jus. Mettre les oranges, les tomates, les poivrons et l'ail dans un bol, puis incorporer le jus et le zeste d'orange. Mettre le sucre et le vinaigre dans une poêle et faire bouillir 2 min, puis verser sur le mélange d'orange et de poivron rouge. Laisser refroidir.

- Pour faire la morue salée, mettre la morue dans un petit plat, couvrir de sel de mer et laisser reposer 2 h. Enlever le sel de la morue en la plaçant sous un robinet d'eau froide, puis la mettre dans une casserole avec le lait, l'ail et les pommes de terre. Faire pocher jusqu'à ce que la morue et les pommes de terre soient tendres. À l'aide d'une écumoire, retirer le poisson et les pommes de terre du liquide de cuisson. Mettre en purée poisson et pommes de terre, puis incorporer l'huile d'olive et suffisamment de lait pour que la pâte ait une consistance plutôt ferme, un peu comme celle d'une purée de pommes de terre ferme. Saler, poivrer, ajouter la cayenne, puis incorporer le persil. Laisser refroidir et placer au réfrigérateur.

- Pour faire la pâte, tamiser la farine et le sel dans un bol, puis incorporer le beurre avec les doigts jusqu'à ce que le mélange ressemble à de la chapelure fine. Verser l'eau, puis former une boule avec la pâte. Couvrir d'une pellicule plastique et laisser reposer au réfrigérateur pendant 1 h.

- Préchauffer le four à 200 °C (400 °F). Abaisser la pâte sur une surface légèrement enfarinée jusqu'à ce qu'elle ait 0,3 cm (⅛ po) d'épaisseur. Couper 12 cercles de 10 cm (4 po), puis déposer une bonne cuillerée du mélange de morue salée au milieu de chacun. Plier la pâte en deux pour former un demi-cercle en pressant fermement les bords ensemble. Pincer les bords avec les doigts pour bien sceller et pour que ça ressemble à des chaussons à la viande. Placer les empanadas dans un plat allant au four, les badigeonner d'œuf battu et cuire de 10 à 15 min, jusqu'à ce qu'elles soient bien dorées. Servir très chaud accompagné de relish à l'orange et au poivron.

- 250 g (9 oz) de pommes de terre pelées et coupées en morceaux
- 6 ciboules ou échalotes hachées
- 75 g (3 oz) de beurre non salé
- 125 g (4 ½ oz) de fromage ricotta, égoutté (voir Un petit truc)
- 125 g (4 ½ oz) d'épinards frais, cuits et grossièrement hachés
- 75 g (3 oz) de fromage scamorza très finement tranché
- 3 c. à soupe de raisins, trempés dans l'eau chaude 30 min, puis bien égouttés
- Un peu de chapelure fraîche (voir Un petit truc, p. 86)
- 3 grandes feuilles de pâte filo
- Sel et poivre noir fraîchement moulu

PRÉPARATION

Ces rouleaux que l'on appelle knishes *sont un peu l'équivalent, chez les Juifs, des rouleaux de printemps. Ils sont habituellement farcis de viande, de pommes de terre, de fromage ou de foies de poulet et sont servis comme hors-d'œuvre ou canapés pendant les fêtes juives. La scamorza est un fromage italien, généralement fumé, un genre de croisement de mozzarella et de provolone. S'il vous est impossible d'en trouver, utilisez plutôt du provolone.*

• Mettre les pommes de terre dans une casserole, les couvrir d'eau froide, ajouter du sel et porter à ébullition. Réduire à feu doux et laisser mijoter jusqu'à ce qu'elles soient tout juste tendres, puis les égoutter dans une passoire. Remettre les pommes de terre dans la casserole et les mettre à feu doux pour les assécher. Les mettre ensuite dans un grand bol et en faire une belle purée. Ajouter les ciboules ou les échalotes, 25 g (1 oz) de beurre, la ricotta égouttée et les épinards hachés. Saler et poivrer au goût. Incorporer la scarmoza et les raisins égouttés, puis ajouter assez de chapelure pour que le mélange se tienne. Laisser refroidir.

• Préchauffer le four à 190 °C (375 °F). Faire fondre le reste du beurre dans la poêle. Étendre une feuille de pâte filo sur un plan de travail et badigeonner de beurre fondu. Recouvrir d'une autre feuille, puis badigeonner de beurre encore une fois. Recouvrir ensuite de la dernière feuille de pâte. Couper la pile de pâte filo en 4 parties horizontales, puis couper en deux dans le sens de la longueur pour obtenir 8 morceaux. Déposer 2 ou 3 c. à soupe du mélange de pommes de terre sur chaque morceau de pâte, replier les côtés et rouler comme des rouleaux de printemps. Badigeonner du reste du beurre fondu et déposer dans un plat allant au four légèrement graissé. Cuire au four de 10 à 12 min, jusqu'à ce que les rouleaux soient dorés et croustillants.

UN PETIT TRUC : Pour égoutter du fromage ricotta, tapissez une passoire de mousseline ou d'un linge mince et placez le fromage au-dessus d'un bol. Mettez la ricotta dans la passoire, entourez le fromage de mousseline, puis attachez-le avec une ficelle de cuisine pour former un petit balluchon. Laissez dans un endroit frais pendant toute la nuit pour que le surplus de liquide puisse s'égoutter.

Tartelettes aux pommes de terre, au Yorkshire et aux noisettes

6 portions

• Faire chauffer l'huile d'olive dans une poêle, puis ajouter l'oignon et le thym. Cuire ensuite de 8 à 10 min, jusqu'à ce que l'oignon soit légèrement coloré. Cuire les pommes de terre dans l'eau bouillante salée de 5 à 8 min, jusqu'à ce qu'elles soient tendres, puis les égoutter dans une passoire.

• Mettre l'oignon, le thym, les pommes de terre, la ciboulette, le fromage, les noisettes et la crème dans un bol, puis saler et poivrer au goût. Placer au réfrigérateur jusqu'à l'utilisation.

• Préchauffer le four à 200 °C (400 °F). Étendre la pâte feuilletée sur un plan de travail et la couper en 6 rectangles. La pâte doit être plutôt fine, alors, si nécessaire, l'abaisser davantage avant de la couper. Déposer les rectangles dans un plat allant au four et partager la garniture entre les rectangles en laissant une bordure de 1 cm (½ po) tout autour. À l'aide d'une fourchette, quadriller la bordure, puis tapoter les bords avec le dos d'un couteau. Cuire les tartelettes de 20 à 25 min, jusqu'à ce que la pâte soit dorée.

- 2 c. à soupe d'huile d'olive
- 1 oignon tranché mince
- 1 c. à café (1 c. à thé) de feuilles de thym frais
- 350 g (12 oz) de petites pommes de terre finement tranchées (mais non pelées)
- 1 c. à soupe de ciboulette hachée
- 200 g (7 oz) de fromage bleu Yorkshire, coupé en cubes de 1 cm (½ po)
- 2 c. à soupe de noisettes hachées
- 2 c. à soupe de crème à 35 %
- 375 g (13 oz) de pâte feuilletée, prête à abaisser
- Sel et poivre noir fraîchement moulu

Boxty (pain de pommes de terre)

4 portions

Le boxty est un plat irlandais classique créé au moment où la farine de blé se vendait cher. Les pommes de terre sont alors devenues une solution de rechange plus économique. On peut le préparer comme un scone, tel que décrit plus bas, ou l'éclaircir avec du lait et le cuire comme une crêpe sur une plaque. C'est délicieux des deux façons.

• Préchauffer le four à 180 °C (350 °F). Mettre les pommes de terre râpées dans un linge à vaisselle mince ou dans un morceau de mousseline et presser pour enlever tout le liquide. Les mettre ensuite dans un bol, ajouter la purée de pommes de terre, la farine, la levure chimique (poudre à pâte), le beurre ramolli et le sel, puis bien mélanger.

• Déposer le mélange sur une planche enfarinée et le diviser en deux. Rouler chaque moitié en cercle d'environ 0,5 cm (¼ po) d'épaisseur et faire une croix sur le dessus. Déposer ensuite les deux morceaux sur une tôle à biscuits bien beurrée et cuire au four environ 40 min, jusqu'à ce qu'ils soient dorés et qu'ils aient levé. Servir très chaud, dès la sortie du four, brisé en quartiers et accompagné de beaucoup de beurre.

- 225 g (8 oz) de grosses pommes de terre pelées et grossièrement râpées
- 225 g (8 oz) de purée de pommes de terre (sans beurre, ni lait ni crème)
- 175 g (6 oz) de farine tout usage
- 1 c. à café (1 c. à thé) de levure chimique (poudre à pâte)
- 50 g (2 oz) de beurre non salé, ramolli
- ½ c. à café (½ c. à thé) de sel

Tourte aux pommes de terre, aux poireaux et à la moutarde

4 portions

Cette tourte a une garniture de pommes de terre et de poireaux dans une crème légère. Elle est délicieuse et très simple à préparer. J'aime la servir avec de la salade frisée bien croquante et une vinaigrette à l'huile de noisette.

• Séparer la pâte feuilletée en deux, puis abaisser chaque morceau en un cercle de 25 cm (10 po) de diamètre. Placer les cercles sur une tôle à biscuits ou dans des assiettes à tarte, piquer la pâte avec une fourchette, puis la mettre au réfrigérateur jusqu'à ce qu'elle soit ferme.

• Cuire les pommes de terre avec leur pelure dans une casserole d'eau bouillante salée jusqu'à ce qu'elles soient tendres, bien les égoutter et les laisser reposer jusqu'à ce qu'elles soient assez froides pour être manipulées. Peler les pommes de terre, puis les couper en tranches de 1 cm (1/2 po) d'épaisseur.

• Faire chauffer le beurre et l'huile dans une poêle, ajouter les poireaux et cuire doucement de 4 à 5 min, jusqu'à ce qu'ils soient tendres. Incorporer la crème, le thym, la moutarde et la muscade, puis saler et poivrer au goût.

• Préchauffer le four à 200 °C (400 °F). Disposer le tiers des tranches de pomme de terre sur l'un des cercles de pâte, en laissant une bordure de 2,5 cm (1 po) tout autour. Mettre la moitié du mélange de poireaux sur les pommes de terre, puis un autre rang de pommes de terre, le reste du mélange de poireaux, puis le reste des pommes de terre. Couronner de l'autre cercle de pâte et presser légèrement la pâte. À l'aide d'un couteau très pointu, faire des incisions verticales sur les bords de la pâte, puis décorer le dessus en faisant des incisions en forme d'arc à partir du milieu. Badigeonner d'œuf battu et de lait et cuire au four de 35 à 40 min, jusqu'à ce que la pâte soit dorée.

- 450 g (1 lb) de pâte feuilletée
- 200 g (7 oz) de pommes de terre
- 15 g (1/2 oz) de beurre non salé
- 1 c. à soupe d'huile végétale
- 150 g (5 oz) de petits poireaux, en tranches
- 2 c. à soupe de crème à 35 %
- 1 c. à café (1 c. à thé) de feuilles de thym frais
- 2 c. à café (2 c. à thé) de moutarde de Dijon
- 1/2 c. à café (1/2 c. à thé) de muscade fraîchement râpée
- Un petit œuf battu et du lait pour badigeonner
- Sel et poivre noir fraîchement moulu

Tourte aux pommes de terre, à la mozzarella et au salami

- 600 g (1 lb 5 oz) de grosses pommes de terre nouvelles
- 50 g (2 oz) de beurre non salé, fondu
- 12 feuilles de pâte filo
- 2 c. à soupe de persil italien frais, grossièrement haché
- 100 g (4 oz) de salami en tranches fines
- 1 mozzarella de bufflonne, finement tranchée
- 5 œufs cuits dur, finement tranchés
- 100 ml (3 ½ oz) de crème à 35 %
- Sel et poivre noir fraîchement moulu

PRÉPARATION

• Cuire les pommes de terre avec leur pelure dans de l'eau bouillante salée jusqu'à ce qu'elles soient tout juste tendres, puis les égoutter et laisser refroidir. Peler les pommes de terre et les couper en tranches de 0,5 cm (¼ po) d'épaisseur. Réserver.

• Préchauffer le four à 200 °C (400 °F). Beurrer légèrement de beurre fondu un moule à charnière de 18 à 20 cm (7 à 8 po). Tapisser le moule de pâte filo en la laissant dépasser sur les côtés, puis la badigeonner de beurre fondu. Ajouter une autre feuille de pâte filo, puis badigeonner encore de beurre fondu. Répéter l'opération jusqu'à ce qu'il ne reste plus de pâte.

• Bien saler et poivrer les pommes de terre, puis mettre la moitié des tranches au fond du plat en les faisant se chevaucher. Parsemer de la moitié du persil haché, puis ajouter la moitié des tranches de salami en les faisant se chevaucher, puis la moitié de la mozzarella. Couvrir des tranches d'œuf. Verser ensuite la crème, puis asperger de 1 c. à café (1 c. à thé) d'eau. Ajouter une autre couche de salami, puis de mozzarella, parsemer du reste du persil, puis ajouter une dernière couche de pommes de terre, en salant et en poivrant à mesure. Replier la pâte qui dépasse sur la garniture, puis badigeonner du reste du beurre fondu.

• Cuire au four de 20 à 25 min ou jusqu'à ce que la pâte soit dorée et croustillante. Laisser refroidir légèrement la tourte dans le moule avant de la retourner sur une surface de travail. Couper la tourte en tranches épaisses et servir chaud ou à température de la pièce. Elle est savoureuse servie des deux façons!

Pâté au bœuf, aux champignons et aux rognons dans une pâte aux pommes de terre

4 portions

J'ai utilisé de la pâte feuilletée aux pommes de terre dans cette recette typiquement britannique. La Purée de panais, pommes de terre, miel et moutarde (voir p. 46) en est l'accompagnement idéal.

• Pour faire la pâte, mélanger la farine et les pommes de terre, puis incorporer 100 g (4 oz) de beurre. Incorporer ensuite l'eau glacée et mélanger pour obtenir une pâte. Mettre dans un bol, couvrir d'un linge et laisser reposer 30 min. Abaisser la pâte en un rectangle de 15 x 20 cm (6 x 8 po), d'environ 0,5 cm (¼ po) d'épaisseur. Parsemer les deux tiers de la pâte de la moitié du beurre qui reste, puis replier le tiers sans beurre. Replier ensuite le tiers sur lequel il y a du beurre. Presser les bords ensemble pour bien sceller la pâte, tourner la pâte de 90°, puis l'abaisser en un rectangle encore une fois. Parsemer du reste du beurre, puis replier la pâte, la tourner et l'abaisser tel que décrit précédemment. Couvrir et placer au réfrigérateur environ 2 h.

• Entre-temps, faire la garniture. Préchauffer le four à 160 °C (325 °F). Saler et poivrer le bœuf et les rognons. Faire chauffer l'huile dans une grande casserole à fond épais jusqu'à ce qu'elle soit très chaude et saisir le bœuf en faisant cuire une partie des cubes seulement (ne pas surcharger la casserole) jusqu'à ce qu'ils soient complètement dorés et que tous les cubes soient saisis. Saisir aussi les rognons, puis mettre le bœuf et les rognons dans deux assiettes différentes. Faire fondre le beurre dans la même casserole, ajouter l'oignon et frire jusqu'à ce qu'il soit doré. Remettre le bœuf dans la casserole, ajouter la sauce Worcestershire et cuire de 2 à 3 min. Incorporer le coulis de tomate et bien mélanger, puis verser la farine en pluie et cuire de 3 à 4 min. Verser la stout (bière brune) et le bouillon, puis porter à ébullition en brassant sans arrêt, pour faire une sauce. Réduire le feu, mettre un couvercle sur la casserole et placer au four. Cuire jusqu'à ce que la viande soit tendre, ce qui peut prendre 2 h, en ajoutant les champignons et les rognons environ 15 min avant que la viande soit prête. Rectifier l'assaisonnement et mettre le mélange dans une grande assiette à tarte (ou le séparer en 4 assiettes à tarte individuelles).

• Abaisser la pâte sur une surface légèrement enfarinée jusqu'à ce qu'elle ait 0,3 cm (⅛ po) d'épaisseur, puis déposer la pâte sur l'assiette à tarte. Badigeonner d'œuf battu, puis placer au four préchauffé à 190 °C (375 °F) et cuire de 30 à 35 min, jusqu'à ce que la pâte soit dorée. Laisser refroidir légèrement avant de servir.

- 750 g (1 lb 10 oz) de steak de paleron coupé en cubes de 2,5 cm (1 po)
- 250 g (9 oz) de rognons de veau coupés en cubes de 2,5 cm (1 po)
- 4 c. à soupe d'huile végétale
- 50 g (2 oz) de beurre non salé
- 1 oignon finement haché
- 4 c. à soupe de sauce Worcestershire
- 2 c. à soupe de coulis de tomate
- 50 g (2 oz) de farine tout usage
- 300 ml (1 ¼ tasse) de stout (bière brune)
- 750 ml (3 tasses) de bouillon de bœuf
- 250 g (9 oz) de champignons de couche ou champignons de Paris, coupés en deux
- Un petit œuf battu pour badigeonner
- Sel et poivre noir fraîchement moulu

PÂTE AUX POMMES DE TERRE
- 150 g (5 oz) de farine à levure
- 100 g (4 oz) de purée de pommes de terre (sans beurre, ni lait ni crème) à température de la pièce
- 150 g (5 oz) de beurre non salé, coupé en petits morceaux
- 5 c. à soupe d'eau glacée

Pain de pommes de terre de base

Ce pain polyvalent se conserve bien et vous pouvez l'utiliser comme n'importe quel pain blanc. J'aime m'en servir comme base au Canapé au fromage à l'anglaise et aussi dans le Pudding au pain à la cubaine (p. 164).

• Préchauffer le four à 125 °C (240 °F). Mettre la levure, la moitié du sucre et un peu de lait dans un bol et mélanger jusqu'à ce que ce soit dissous. Mettre la farine dans un autre bol et réchauffer au four rapidement. Incorporer le beurre, puis incorporer le reste du sucre, la purée de pommes de terre chaude et le sel. Verser le reste du lait et l'œuf battu, puis mélanger jusqu'à l'obtention d'une pâte molle et malléable, en ajoutant un peu d'eau, si nécessaire. Déposer la pâte sur un plan de travail légèrement enfariné et bien pétrir de 8 à 10 min, puis mettre la pâte dans un bol propre, le couvrir d'un linge et le laisser reposer dans un endroit chaud environ 45 min ou jusqu'à ce que la pâte ait doublé de volume.

• Après s'être enfariné les mains, tapoter la pâte qui a levé, la retourner sur un plan de travail enfariné, puis la pétrir pendant quelques minutes. En former un pain rond et le placer dans un plant allant au four graissé. Couvrir et laisser reposer encore environ 30 min, jusqu'à ce qu'il ait doublé de volume.

• Préchauffer le four à 200 °C (400 °F). Badigeonner le pain d'un peu d'œuf battu et cuire au four de 25 à 30 min, jusqu'à ce que le pain soit bien doré et qu'il sonne creux quand on frappe en dessous. Mettre le pain sur une grille métallique et laisser refroidir.

- 25 g (1 oz) de levure fraîche
- 40 g (1 ½ oz) de sucre en poudre
- 150 ml (env. ⅔ tasse) de lait à 3,25 %, tiède
- 450 g (1 lb) de farine blanche forte
- 50 g (2 oz) de beurre non salé, coupé en petits morceaux
- 100 g (4 oz) de purée de pommes de terre chaude (sans beurre, ni lait ni crème)
- 1 c. à café (1 c. à thé) de sel
- 1 œuf battu, plus une petite quantité supplémentaire pour badigeonner

PLATS PRINCIPAUX

De nombreuses recettes de cet ouvrage peuvent être servies
comme plat principal, mais celles que l'on trouve dans ce chapitre
sont un peu en dehors des catégories connues, soit à cause
de leur méthode de cuisson, soit parce qu'elles demandent
un peu plus de temps et d'efforts lors de la préparation.
Si l'on veut servir de nombreuses personnes, on peut facilement
multiplier la quantité de plusieurs de ces recettes, les plats familiaux,
en particulier, comme Le pâté de poisson de Brixham,
le Ragoût de mouton, Mon hachis Parmentier préféré
et la Potée à l'anglaise. Des recettes comme celles-ci,
quand on se donne la peine de les préparer, peuvent satisfaire
un bon groupe de personnes.

Les autres plats de ce chapitre sont davantage conçus
pour les occasions spéciales, ce qui prouve que la pomme de terre
est la compagne idéale d'ingrédients de luxe. Faites-en l'essai
dans une sauce crémeuse comme dans le Saint-pierre aux morilles,
aux poireaux et aux truffes, comme croûte parfumée
dans le Bar garni d'une croûte pommes de terre et fenouil ou
pour remplacer le riz dans le risotto qui accompagne le Turbot
grillé avec pancetta, calmar et risotto de pommes de terre.

Finalement, les pommes de terre peuvent être servies telles quelles
comme plats principaux végétariens. Ce chapitre en contient trois,
mais les végétariens découvriront plusieurs autres idées
tout au long de ces pages.

Maquereau à la grecque

4 portions

Ce plat grec où le poisson et les légumes sont cuits ensemble au four se nomme plaki. *J'aime le préparer avec du maquereau, poisson que je considère comme le plus méconnu de ce chapitre. Il est davantage apprécié dans le reste de l'Europe qu'en Grande-Bretagne, ce qui est une honte, car il possède une saveur étonnante, une texture moelleuse et il est plein d'éléments nutritifs.*

• Préchauffer le four à 180 °C (350 °F). Faire chauffer 4 c. à soupe d'huile d'olive dans une poêle à frire, ajouter l'oignon et l'ail et cuire jusqu'à ce qu'ils soient ramollis. Incorporer la moitié du thym et de l'origan, puis ajouter les tomates et les olives. Ajouter ensuite les tranches de pomme de terre, parsemer de safran, puis ajouter juste assez d'eau pour couvrir. Cuire doucement de 5 à 10 min, jusqu'à ce que les pommes de terre soient tout juste tendres.

• Avec le reste de l'huile, huiler un grand plat allant au four. Saler et poivrer les poissons à l'intérieur comme à l'extérieur, puis les déposer dans le plat. Parsemer du reste du thym et de l'origan, puis étendre le mélange de pommes de terre sur le dessus. Verser le vin et le jus de citron, puis ajouter le zeste. Cuire ensuite au four de 20 à 25 min, jusqu'à ce que le poisson soit cuit.

- 6 c. à soupe d'huile d'olive
- 1 petit oignon rouge, coupé en rondelles
- 3 gousses d'ail écrasées
- ½ c. à café (½ c. à thé) de feuilles de thym frais
- ½ c. à café (½ c. à thé) de feuilles d'origan frais
- 4 tomates italiennes, pelées, épépinées et en dés
- 16 olives noires
- 350 g (12 oz) de petites pommes de terre nouvelles, pelées et finement tranchées
- ¼ c. à café (¼ c. à thé) de brins de safran
- 4 gros maquereaux nettoyés et parés
- 150 ml (env. ⅔ tasse) de vin blanc sec
- Le jus de 2 citrons
- Le zeste de 1 citron finement râpé
- Sel et poivre noir fraîchement moulu

Saint-pierre aux morilles, aux poireaux et aux truffes, accompagné de sauce aux pommes de terre

- 175 g (6 oz) de pommes de terre à salade, comme les rattes, pelées
- 4 x 175 g (6 oz) de filets de saint-pierre (ou d'un autre poisson blanc, ferme)
- 100 ml (3 ½ oz) de bouillon de poulet
- 20 petits poireaux coupés en morceaux de 7,5 cm (3 po) de longueur
- 10 g (¼ oz) de petites morilles séchées, trempées dans l'eau très chaude pendant 30 min, puis asséchées
- 200 ml (7 oz) de lait à 3,25 %
- 100 ml (3 ½ oz) de crème à 15 %
- 50 g (2 oz) de beurre non salé froid
- 1 c. à soupe de ciboulette hachée
- 1 truffe noire fraîche ou en conserve, finement tranchée
- Sel et poivre noir fraîchement moulu

Voici un plat à servir quand vous voulez faire la vie de château – c'est un peu cher, mais pourquoi ne pas vous payer une gâterie de temps en temps ? Le flétan peut facilement remplacer le saint-pierre.

- Préchauffer le four à 200 °C (400 °F). Cuire les pommes de terre dans l'eau bouillante salée jusqu'à ce qu'elles soient tendres, puis les égoutter. En faire une purée onctueuse et réserver.

- Beurrer légèrement un grand plat allant au four, saler et poivrer les filets, puis les déposer dans le plat. Dans une casserole, porter le bouillon de poulet à ébullition, ajouter les poireaux et les morilles, puis faire pocher de 4 à 5 min, jusqu'à ce qu'elles soient tendres. À l'aide d'une écumoire, les retirer de la casserole, puis réserver. Ajouter le lait au bouillon, puis verser ce liquide sur le poisson. Couvrir de papier sulfurisé légèrement beurré et cuire au four de 6 à 8 min, jusqu'à ce que le poisson soit tout juste cuit. Retirer du four et filtrer le liquide de cuisson dans un tamis à mailles fines, au-dessus d'une casserole propre. Ajouter la purée de pommes de terre et la crème, puis fouetter jusqu'à l'obtention d'une consistance onctueuse. Couper 25 g (1 oz) de beurre en morceaux, puis les fouetter dans la sauce, quelques-uns à la fois. Ajouter la ciboulette, puis saler et poivrer au goût.

- Chauffer le reste du beurre dans une casserole, ajouter les poireaux, les morilles et la truffe, réchauffer doucement, puis saler et poivrer. Pour servir, placer le poisson dans 4 assiettes à soupe. Verser la sauce aux pommes de terre et parsemer du mélange de poireaux.

- 400 g (14 oz) de petites pommes de terre nouvelles
- 2 c. à café (2 c. à thé) de moutarde de Dijon
- 3 c. à soupe de vinaigre balsamique
- 3 c. à soupe d'huile d'olive
- 10 feuilles de basilic déchiquetées
- 1 c. à soupe de jus de citron
- 3 courgettes coupées en tranches de 1 cm (½ po) d'épaisseur
- 20 grosses crevettes royales, décortiquées et les veines enlevées (voir Un petit truc)
- Sel et poivre noir fraîchement moulu

MAYONNAISE MOUTARDE-PAPRIKA
- 150 ml (env. ⅔ tasse) de mayonnaise de bonne qualité
- 1 c. à soupe de paprika
- 1 c. à café (1 c. à thé) de graines de moutarde
- Le jus de ½ citron
- 1 gousse d'ail écrasée

PRÉPARATION

• Faire tremper 4 brochettes de bambou dans l'eau froide (on peut les laisser tremper jusqu'à 1 h, cela les empêche de brûler sur la grille). Entre-temps, cuire les pommes de terre avec leur pelure dans l'eau bouillante salée jusqu'à ce qu'elles soient tendres, mais encore un peu fermes. Les égoutter et les laisser refroidir, puis les couper en deux.

• Dans un bol, fouetter la moutarde, le vinaigre balsamique, l'huile, le basilic et le jus de citron. Égoutter les brochettes, puis y enfiler en alternance les courgettes, les crevettes et les pommes de terre. Les déposer dans un plat peu profond, saler, poivrer, y verser la marinade et laisser reposer à température de la pièce de 2 à 3 h. Entre-temps, mélanger tous les ingrédients de la mayonnaise, puis saler et poivrer.

• Badigeonner une poêle à fond strié d'un peu d'huile supplémentaire et chauffer jusqu'à ce qu'elle soit très chaude. Y cuire les brochettes en les retournant souvent, de 8 à 10 min, jusqu'à ce que les crevettes et les légumes soient grillés et tendres. Servir très chaud avec la mayonnaise.

UN PETIT TRUC : Pour décortiquer et enlever les veines des crevettes, tourner la tête du crustacé, puis l'arracher si elle était encore attachée et la jeter. Couper ensuite la carapace tout le long de l'abdomen, puis l'enlever délicatement. Passer la pointe d'un couteau pointu le long du dos de la crevette, puis retirer l'intestin (veine foncée).

Bar garni d'une croûte pommes de terre et fenouil

4 portions

Le bar et le fenouil vont bien ensemble. Cette croûte de pommes de terre parfumée au fenouil complète bien la texture moelleuse du bar.

• Préchauffer le four à 200 °C (400 °F). Faire cuire les pommes de terre jusqu'à ce qu'elles soient presque cuites, les retirer de la casserole et les laisser refroidir. Les peler, puis les râper au-dessus d'un bol. Ajouter l'ail et les graines de fenouil grillées, puis saler et poivrer généreusement.

• Battre légèrement le lait et les jaunes d'œufs. Saler et poivrer les filets, puis tremper le dessus de chaque filet dans le mélange lait-œufs. Parsemer le dessus des filets du mélange pommes de terre et fenouil, en le tapotant pour être sûr qu'il adhère bien au poisson.

• Pour faire la vinaigrette, mettre la moutarde, le jus de citron et le vinaigre dans un bol, puis fouetter avec l'huile d'olive. Ajouter tous les ingrédients qui restent, puis verser dans une casserole et chauffer doucement.

• Faire chauffer de l'huile d'olive dans une grande poêle à frire. Quand elle est très chaude, ajouter le bar, côté croustillant en dessous, et frire pendant 1 à 2 min, jusqu'à ce qu'il soit doré. Réduire le feu et cuire encore de 1 à 3 min, puis retourner les filets et cuire de l'autre côté.

• Faire réchauffer rapidement les pointes d'asperge cuites dans le beurre, puis saler et poivrer au goût. Disposer sur des assiettes de service, garnir de bar, puis verser la vinaigrette chaude autour.

INGRÉDIENTS

• 2 grosses pommes de terre
• 1 petite gousse d'ail écrasée
• 2 c. à café (2 c. à thé) de graines de fenouil grillées rapidement dans une poêle à frire sans corps gras
• 100 ml (3 ½ oz) de lait à 3,25 %
• 2 jaunes d'œufs
• 4 x 175 g (6 oz) de filets de bar d'une bonne épaisseur, sans la peau
• Huile d'olive pour friture
• 20 pointes d'asperge qui viennent d'être cuites
• 25 g (1 oz) de beurre non salé
• Sel et poivre noir fraîchement moulu

VINAIGRETTE

• ½ c. à café (½ c. à thé) de moutarde de Dijon
• 1 c. à soupe de jus de citron
• 1 c. à soupe de vinaigre de champagne
• 4 c. à soupe d'huile d'olive
• 1 oignon vert ou oignon nouveau finement haché
• 8 olives noires, dénoyautées et coupées
• 1 c. à soupe de ciboulette hachée
• 2 tomates italiennes, pelées, épépinées et hachées

Le pâté de poisson de Brixham

- 900 g (2 lb) de pommes de terre pelées et coupées en morceaux
- 75 g (3 oz) de beurre non salé
- 225 g (8 oz) de filet de saumon, sans la peau
- 225 g (8 oz) de filet de morue, sans la peau
- 600 ml (env. 2 ½ tasses) de lait à 3,25 %
- 1 feuille de laurier
- 2 c. à soupe d'aneth haché, plus quelques tiges
- 6 pétoncles frais, décortiqués, coupés en deux dans le sens de la longueur
- 1 oignon haché
- 50 g (2 oz) de farine tout usage
- 300 ml (1 ¼ tasse) de crème à 35 %
- 125 g (4 ½ oz) de petites crevettes cuites, décortiquées
- 100 g (4 oz) de fromage cheddar râpé
- Sel et poivre noir fraîchement moulu

PRÉPARATION

J'ai déjà préparé cette recette pour la télévision, à une émission où il était question des plats de base de la cuisine britannique. Ce pâté de poisson a eu un succès fou, particulièrement auprès de l'équipe technique qui a tout dévoré en moins de deux.

• Mettre les pommes de terre dans une casserole, les couvrir d'eau, ajouter un peu de sel et porter à ébullition. Réduire à feu doux et laisser mijoter jusqu'à ce qu'elles soient tout juste tendres, puis les égoutter dans une passoire et les remettre dans la casserole. À l'aide d'une fourchette, écraser légèrement les pommes de terre, mais laisser quelques gros morceaux. Incorporer 25 g (1 oz) de beurre, saler et poivrer au goût, puis réserver.

• Déposer le saumon et la morue dans une casserole large et profonde, y verser le lait, puis ajouter le laurier et quelques tiges d'aneth. Porter à ébullition, réduire le feu et laisser mijoter de 3 à 4 min. Ajouter les pétoncles et cuire pendant encore une minute. Retirer le poisson à l'aide d'une écumoire. Filtrer le liquide de cuisson et réserver. Émietter le poisson en gros morceaux et le placer avec les pétoncles dans un plat beurré de 1,2 litre (6 tasses) allant au four.

• Préchauffer le four à 200 °C (400 °F). Faire fondre le reste du beurre dans une poêle, ajouter l'oignon et cuire à feu doux jusqu'à ce qu'il soit tendre. Incorporer la farine et cuire 1 min. Retirer du feu et ajouter graduellement le lait réservé pour obtenir une sauce, puis remettre sur le feu et porter à ébullition en brassant constamment. Faire mijoter pendant 5 min, puis ajouter la crème et réchauffer doucement. Incorporer l'aneth et les crevettes, saler et poivrer au goût, puis verser la sauce sur le poisson. Parsemer le dessus du poisson des pommes de terre en morceaux jusqu'à ce qu'il soit complètement couvert. Parsemer ensuite de fromage et cuire de 20 à 25 min, jusqu'à ce que les pommes de terre soient dorées et que la sauce fasse des bulles.

Croquettes de poisson
et sauce tartare mousseline

4 portions

Il ne m'arrive pas souvent de faire des croquettes de poisson, peut-être parce que quand j'étais écolier, j'avais l'impression d'en manger tous les jours. Toutefois, quand ces croquettes sont bien faites, elles peuvent être excellentes. Voici une super recette où le mélange pommes de terre et poisson est bien dosé. Pour rendre la sauce tartare plus mousseuse, on y ajoute un peu de crème fouettée.

• Pour faire la sauce tartare, mélanger les oignons verts ou les oignons nouveaux, les cornichons, les câpres, la moutarde ainsi que du sel et du poivre à la mayonnaise, puis incorporer la crème fouettée. Placer au réfrigérateur jusqu'au moment de servir.

• Mettre la purée de pommes de terre dans un bol. Émietter le saumon cuit, puis l'ajouter aux pommes de terre avec les crevettes. Ajouter la cayenne, le sel et le poivre, puis mélanger les herbes et le jaune d'œuf. Retourner la pâte sur une surface enfarinée et en faire 8 boules. Les enrober de farine, les tremper dans l'œuf battu et les recouvrir enfin de chapelure.

• Faire chauffer de l'huile végétale à 180 °C (350 °F) dans une friteuse ou dans une casserole profonde et frire les croquettes de 3 à 4 min, jusqu'à ce qu'elles soient dorées et croustillantes. Bien les égoutter sur du papier essuie-tout et servir avec de la sauce tartare crémeuse et des quartiers de citron.

UN PETIT TRUC : Les *panko crumbs* sont en fait de la chapelure séchée utilisée dans la cuisine asiatique, tout particulièrement pour la grande friture. Si vous pouvez en trouver (rendez-vous dans les boutiques d'alimentation japonaises ou autres épiceries orientales), ils donneront aux aliments une texture croustillante fantastique. Sinon, de la chapelure séchée ordinaire fera tout aussi bien l'affaire.

SAUCE TARTARE MOUSSELINE

- 2 oignons verts ou oignons nouveaux finement hachés
- 1 c. à soupe de petits cornichons finement hachés
- 1 c. à soupe de très petites câpres, rincées et égouttées
- ½ c. à café (½ c. à thé) de moutarde de Dijon
- Sel et poivre
- 100 ml (3 ½ oz) de mayonnaise de bonne qualité
- 4 c. à soupe de crème à 35 % à demi-fouettée

CROQUETTES DE POISSON

- 250 g (9 oz) de purée de pommes de terre (sans beurre, ni lait ni crème)
- 400 g (14 oz) de filet de saumon cuit, la peau enlevée
- 100 g (4 oz) de petites crevettes cuites, décortiquées
- Cayenne
- Sel et poivre noir fraîchement moulu
- 2 c. à soupe d'herbes fraîches mélangées, hachées, comme l'aneth, le persil et la ciboulette
- 1 gros jaune d'œuf
- Farine tout usage pour saupoudrer
- 2 œufs légèrement battus
- 150 g (5 oz) de *panko breadcrumbs* (voir Un petit truc) ou de chapelure (voir Un petit truc, p. 86)
- Huile végétale pour grande friture
- Quartiers de citron pour servir

- 4 c. à soupe d'huile d'olive
- 2 gros bulbes de fenouil, finement tranchés
- 1 oignon tranché mince
- 600 g (1 lb 5 oz) de pommes de terre pelées et coupées en tranches de 0,3 cm (1/8 po) d'épaisseur
- 750 ml (3 tasses) de bouillon de poulet
- 25 g (1 oz) de beurre non salé, coupé en petits morceaux
- 4 x 150 g (5 oz) de filets de dorade ou d'omble chevalier
- Gros sel de mer et poivre noir fraîchement moulu

Dorade à la boulangère

4 portions

Cette recette est une variante des traditionnelles pommes de terre boulangère où des tranches de pomme de terre et d'oignon sont cuites dans un savoureux bouillon. Ici, j'ai ajouté de fines tranches de fenouil qui se marient parfaitement bien à la délicatesse de ce poisson. La salsa verde *constitue un bon accompagnement.*

• Préchauffer le four à 200 °C (400 °F). Faire chauffer 2 c. à soupe d'huile d'olive dans une casserole, ajouter le fenouil et l'oignon et cuire à feu doux jusqu'à ce qu'ils soient ramollis et qu'ils commencent à dorer.

• Huiler légèrement un plat de terre cuite allant au four. Disposer une couche de pommes de terre dans le fond du plat, saler et poivrer, puis garnir du mélange de fenouil. Disposer joliment le reste des pommes de terre sur le dessus en faisant se chevaucher les tranches, saler et poivrer encore, puis verser le bouillon de poulet pour que les légumes soient tout juste couverts. Parsemer le tout de beurre et cuire au four 30 min, jusqu'à ce que ce soit doré et croustillant.

• Retirer le plat du four, saler et poivrer le poisson, puis le déposer sur les pommes de terre. Verser en filet le reste de l'huile, puis remettre au four de 8 à 10 min, jusqu'à ce que le poisson soit cuit.

Turbot grillé avec pancetta, calmar et risotto de pommes de terre

4 portions

Dans cette recette de risotto tout à fait inhabituel, je remplace le riz par des pommes de terre. Les calmars sont enveloppés de pancetta, ce qui conserve leur humidité et les garde tendres.

• À l'aide d'une mandoline ou d'un grand couteau, couper les pommes de terre en tout petits cubes à peine plus gros que des grains de riz et les mettre dans l'eau froide à mesure. Cuire les pois dans de l'eau bouillante salée, les égoutter, puis les rafraîchir sous le robinet d'eau froide et réserver. Faire chauffer la moitié de l'huile d'olive dans une casserole, ajouter les oignons verts ou les oignons nouveaux, le thym et l'ail, puis faire revenir à feu doux de 2 à 3 min. Bien égoutter les pommes de terre, puis les assécher dans un linge propre. Les ajouter aux oignons verts ou aux oignons nouveaux et faire sauter jusqu'à ce que le tout ait perdu ses reflets brillants. Incorporer un peu de bouillon de poulet à la fois jusqu'à ce que tout le liquide soit absorbé et que les pommes de terre soient bien cuites. Cela devrait prendre de 15 à 20 min. Ne pas laisser les pommes de terre se transformer en bouillie. Ajouter la crème, le parmesan et les pois, puis saler et poivrer au goût. Garder au chaud.

• Préchauffer le four à 200 °C (400 °F). Couper les calmars en lanières d'environ 0,5 cm (¼ po) d'épaisseur. En faire 4 portions et envelopper chaque portion d'une tranche de pancetta. Faire chauffer le beurre et le reste de l'huile dans une grande poêle à frire allant au four. Saler et poivrer le turbot et les petits paquets de calmar, les déposer dans la poêle, puis les cuire rapidement jusqu'à ce qu'ils soient dorés des deux côtés. Ajouter les brins de thym à la poêle pour garnir, mettre au four et faire rôtir de 3 à 4 min, jusqu'à ce que le poisson soit tout juste cuit. Retirer du four et conserver au chaud.

• Pour faire la sauce, mettre le vinaigre, les oignons verts ou les oignons nouveaux, le thym et le laurier dans une casserole et porter à ébullition. Ajouter le vin et faire bouillir jusqu'à ce qu'il soit presque complètement évaporé, puis ajouter le bouillon et faire bouillir jusqu'à ce que la sauce ait réduit et épaissi assez pour napper le dos d'une cuillère.

• Disposer le risotto de pommes de terre dans 4 assiettes. Garnir du turbot grillé, puis des calmars recouverts de pancetta. Verser la sauce au vin autour, garnir de thym et servir.

Ingrédients

- 350 g (12 oz) de grosses pommes de terre nouvelles, pelées
- 100 g (4 oz) de pois frais ou surgelés
- 4 c. à soupe d'huile d'olive
- 2 oignons verts ou oignons nouveaux finement hachés
- Les feuilles d'un bouquet de thym, plus 4 brins de thym pour garnir
- 1 gousse d'ail écrasée
- 425 ml (14 oz) de bouillon de poulet
- 4 c. à soupe de crème à 35 %
- 25 g (1 oz) de parmesan fraîchement râpé
- 2 gros calmars nettoyés
- 4 grandes tranches minces de pancetta pesant environ 100 g (4 oz) au total
- 50 g (2 oz) de beurre non salé
- 4 x 175 g (6 oz) de filets de turbot (ou de morue ou de flétan)
- Sel et poivre noir fraîchement moulu

SAUCE AU VIN

- 5 c. à soupe de vinaigre de vin rouge
- 2 oignons verts ou oignons nouveaux, hachés
- Un brin de thym
- 1 feuille de laurier
- 150 ml (env. ⅔ tasse) de vin rouge
- 300 ml (1 ¼ tasse) de bouillon de viande

Poulet braisé à l'ail accompagné de pommes de terre, de citron, de romarin et d'olives

INGRÉDIENTS

- 4 c. à soupe d'huile d'olive
- 25 g (1 oz) de beurre non salé
- 12 petites ailes de poulet
- 12 gousses d'ail, pelées mais entières
- 1 feuille de laurier
- 275 g (10 oz) de petites pommes de terre pelées
- 5 c. à soupe de vin blanc sec
- ½ c. à soupe de romarin frais, grossièrement haché
- Le zeste de 1 citron finement râpé
- 12 olives vertes
- 200 ml (7 oz) de bouillon de poulet de bonne qualité
- 2 c. à soupe de vinaigre balsamique

PRÉPARATION

• Préchauffer le four à 200 °C (400 °F). Faire chauffer l'huile et le beurre dans une grande poêle à frire allant au four ou un plat à rôtir résistant. Ajouter les morceaux de poulet en formant une seule couche, puis ajouter les gousses d'ail entières et le laurier et cuire de 8 à 10 min pour que tout soit complètement doré. Couvrir de papier d'aluminium, mettre au four et cuire 25 min. Entre-temps, cuire les pommes de terre dans l'eau bouillante salée de 8 à 10 min, jusqu'à ce qu'elles soient tout juste tendres. Égoutter et couper en morceaux de 2,5 cm (1 po) d'épaisseur.

• Ajouter le vin à la poêle et mélanger pour bien en mouiller le poulet. Ajouter les pommes de terre, le romarin, le zeste de citron, les olives, le bouillon, du sel et du poivre, puis remettre au four, sans couvercle, pendant 15 min, jusqu'à ce que la sauce ait formé une gélatine autour du poulet. Retirer du four, ajouter le vinaigre balsamique, mélanger et servir.

UN PETIT TRUC : Pour que la sauce forme de la gelée, vous devez utiliser un bon bouillon bien gélatineux. Servez-vous d'un bouillon maison ou d'un substitut de bouillon que l'on trouve dans les supermarchés.

Côtelettes de porc poêlées, pommes de terre et chorizo

4 portions

Le chorizo est une savoureuse saucisse épicée qui provient d'Espagne. Vous pouvez aussi en trouver une version fumée et, pour ma part, j'estime qu'elle possède une saveur incomparable. Dans cette recette, la saveur épicée et fumée imprègne tout le plat.

• Faire chauffer la moitié de l'huile dans une grande poêle à frire jusqu'à ce qu'elle fume, saler et poivrer les côtelettes de porc, puis les saisir dans l'huile très chaude jusqu'à ce qu'elles soient dorées des deux côtés. Retirer et réserver. Faire chauffer le reste de l'huile dans la poêle, ajouter l'oignon, l'ail et le poivron vert et frire de 2 à 3 min, jusqu'à ce qu'ils commencent à ramollir. Ajouter le chorizo et cuire encore quelques minutes. Ajouter les pommes de terre entières non pelées, le laurier, le safran et la harissa, puis couvrir de bouillon de poulet. Porter à ébullition. Remettre les côtelettes dans la poêle, réduire le feu, couvrir et cuire de 20 à 25 min, jusqu'à ce que le porc et les pommes de terre soient cuits et que la sauce ait épaissi. Incorporer les olives noires et servir.

- 2 c. à soupe d'huile végétale
- 4 x 175 g (6 oz) de côtelettes de porc
- 1 oignon finement haché
- 1 gousse d'ail écrasée
- 1 poivron vert, épépiné et haché
- 75 g (3 oz) de chorizo fumé, finement tranché
- 300 g (11 oz) de petites pommes de terre nouvelles
- 1 feuille de laurier
- ¼ c. à café (¼ c. à thé) de brins de safran
- 1 c. à soupe de pâte de harissa
- 450 ml (env. 1 ¾ tasse) de bouillon de poulet
- 8 olives noires
- Sel et poivre noir fraîchement moulu

Porc mijoté, patates douces, tomates, basilic et piments

4 portions

INGRÉDIENTS

- 900 g (2 lb) de flanc de porc, la couenne et l'os enlevés
- ½ c. à café (½ c. à thé) de graines de cumin grillées rapidement dans une poêle à frire sans corps gras
- 2 gousses d'ail écrasées
- 160 ml (⅔ tasse) d'huile d'olive
- 4 patates douces pelées et coupées en dés de 2,5 cm (1 po)
- 2 ignames pelées et coupées en dés de 2,5 cm (1 po)
- 6 tomates italiennes coupées en deux dans le sens de la longueur
- 90 ml (3 oz) d'huile de pépins de raisin
- 2 piments rouges, épépinés et finement tranchés
- 10 feuilles de basilic hachées
- 2 c. à soupe de sauce soya douce
- 2 c. à soupe de mirin (vin de riz doux, japonais)
- 100 ml (3 ½ oz) de bouillon de poulet
- Gros sel et poivre noir fraîchement moulu

PRÉPARATION

Les patates douces font bon ménage avec les tomates et les épices, et le fait de cuire le porc lentement le rend tendre et lui permet de conserver ses sucs naturels.

- Couper le porc en 4 morceaux, saler et poivrer, puis mettre dans un plat allant au four. Passer au mélangeur les graines de cumin, la moitié de l'ail et 100 ml (3 ½ oz) de l'huile d'olive. Verser ce mélange sur le porc, couvrir de papier d'aluminium et laisser mariner au réfrigérateur toute la nuit.

- Le jour suivant, préchauffer le four à 180 °C (350 °F). Enlever le papier d'aluminium sur le porc, mettre la viande au four et cuire 30 min, jusqu'à ce qu'elle soit dorée. Couvrir encore une fois de papier d'aluminium, puis remettre le porc au four et poursuivre la cuisson de 1 h à 1 h 30, jusqu'à ce qu'il soit très tendre.

- Mettre les patates douces, les ignames et les tomates dans un plat à rôtir, y verser en filet le reste de l'huile d'olive et faire rôtir de 40 à 45 min, jusqu'à ce qu'elles soient tendres.

- Pour faire la sauce, mélanger l'huile de pépins de raisin, le reste de l'ail, les piments, le basilic, la sauce soya, le mirin et le bouillon de poulet, puis saler et poivrer au goût. Porter à ébullition dans une casserole.

- Pour servir, disposer les patates douces et les tomates sur des assiettes individuelles. Couper le porc en tranches de 0,5 cm (¼ po) d'épaisseur et les étendre sur les patates douces, puis y verser en filet la sauce au basilic et au piment.

Saucisses accompagnées de pommes de terre, d'oignons rouges et d'ail caramélisés

4 portions

Voici un plat réconfortant qui vous changera du traditionnel plat de saucisses et de purée de pommes de terre. Le vinaigre balsamique et la sauce au vin ajoutent aux saucisses un goût délicieux qui reste en bouche.

• Préchauffer le four à 190 °C (375 °F). Cuire les pommes de terre avec leur pelure dans une casserole d'eau bouillante salée jusqu'à ce qu'elles soient tendres, les égoutter, les rafraîchir sous le robinet d'eau froide et les peler quand elles sont encore chaudes. Les couper en deux dans le sens de la longueur et réserver.

• Couper les oignons en quartiers en laissant le bulbe central intact. Mettre les oignons, les pommes de terre et les gousses d'ail dans un plat à rôtir, y verser 6 c. à soupe d'huile d'olive et le vinaigre balsamique, puis mettre la cassonade, la sauge et le thym. Rôtir au four pendant environ 30 min, jusqu'à ce que le tout soit tendre et caramélisé.

• Entre-temps, faire chauffer le reste de l'huile dans une poêle à frire, ajouter les saucisses et cuire de 10 à 12 min, jusqu'à ce qu'elles soient complètement dorées. Les mettre dans le plat à rôtir, verser le vin rouge et le bouillon, saler, poivrer et cuire de 10 à 15 min, jusqu'à ce que les saucisses soient cuites.

- 350 g (12 oz) de pommes de terre
- 4 oignons rouges
- 12 gousses d'ail non pelées
- 8 c. à soupe d'huile d'olive
- 4 c. à soupe de vinaigre balsamique
- 2 c. à soupe de cassonade
- 1 c. à soupe de sauge grossièrement hachée
- 1 c. à soupe de feuilles de thym
- 450 g (1 lb) de saucisses de porc de la meilleure qualité
- 150 ml (env. $^2/_3$ tasse) de vin rouge
- 150 ml (env. $^2/_3$ tasse) de bouillon de viande
- Sel et poivre noir fraîchement moulu

Mon hachis Parmentier préféré

Le hachis Parmentier est un peu le cousin du pâté chinois québécois.

• Faire chauffer l'huile dans une grande casserole jusqu'à ce qu'elle fume, saler et poivrer le bœuf, puis le mettre dans la casserole et faire griller de 3 à 4 min, jusqu'à ce qu'il soit doré (il est préférable de faire cette opération avec la moitié de la viande, puis de la refaire pour le reste, pour ne pas surcharger la casserole). Quand toute la viande est saisie, la mettre dans une passoire pour égoutter l'excès de gras.

• Faire fondre le beurre dans la casserole, ajouter l'ail, les légumes, le bacon et les herbes et cuire de 3 à 4 min, jusqu'à ce que le tout commence à être doré. Remettre le bœuf dans la casserole, ajouter le coulis de tomate et bien mélanger. Cuire à feu doux de 2 à 3 min, puis saupoudrer de farine, mélanger et cuire encore de 2 à 3 min. Verser le vin et porter à ébullition, en brassant sans arrêt. Ajouter enfin le bouillon chaud et le zeste d'orange et brasser pour obtenir une sauce. Insérer la feuille de laurier, couvrir et laisser mijoter de 1 h à 1 h 30 ou cuire au four à 190 °C (375 °F), jusqu'à ce que tout soit tendre et qu'une sauce épaisse se soit formée autour de la viande.

• Entre-temps, faire bouillir les pommes de terre et les panais séparément jusqu'à ce qu'ils soient tendres, puis les égoutter et les mettre en purée séparément. Les mélanger ensuite dans un bol, incorporer les jaunes d'œufs, la crème, le fromage et la moutarde, puis saler et poivrer au goût.

• Mettre le mélange de bœuf dans un plat allant au four et laisser refroidir. Préchauffer le four à 190 °C (375 °F). Couvrir le bœuf avec la purée de pommes de terre et de panais et cuire de 30 à 35 min, jusqu'à ce que le dessus forme une croûte bien dorée.

- 4 c. à soupe d'huile végétale
- 450 g (1 lb) de bœuf finement haché, maigre
- 50 g (2 oz) de beurre non salé
- 1 gousse d'ail écrasée
- 1 grosse carotte finement hachée
- 1 oignon finement haché
- 1 gros panais finement haché
- 1 rutabaga finement haché
- 150 g (5 oz) de bacon entrelardé, haché
- Les feuilles d'un brin de romarin, hachées
- Les feuilles d'un brin de thym, hachées
- 2 c. à soupe de coulis de tomate
- 50 g (2 oz) de farine tout usage
- 150 ml (env. 2/3 tasse) de vin rouge
- 750 ml (3 tasses) de bouillon de bœuf chaud
- Le zeste de 1 orange finement râpé
- 1 feuille de laurier
- Sel et poivre noir fraîchement moulu

GARNITURE DE POMMES DE TERRE

- 450 g (1 lb) de pommes de terre pelées et coupées en morceaux
- 300 g (11 oz) de panais pelés et coupés en morceaux
- 2 jaunes d'œufs
- 100 ml (3 1/2 oz) de crème à 35 %
- 4 c. à soupe de fromage cheddar râpé
- 1/2 c. à soupe de moutarde de Dijon
- Sel et poivre noir fraîchement moulu

Pommes de terre nouvelles épicées

4 portions

- 650 g (env. 1 ½ lb) de pommes de terre nouvelles, pelées
- 1 c. à soupe de graines de cumin
- 1 c. à café (1 c. à thé) de graines de fenugrec
- 4 c. à soupe de beurre clarifié (voir Un petit truc)
- 1 oignon haché
- 8 feuilles de Murraya fraîches
- 2 c. à café (2 c. à thé) de graines de moutarde noires
- 1 c. à café (1 c. à thé) de curcuma
- 4 c. à soupe de noix de coco séchée, non sucrée
- 2 piments rouges, épépinés et hachés

• Cuire les pommes de terre dans l'eau bouillante salée 10 min, puis les égoutter et réserver. Griller les graines de cumin rapidement dans une poêle à frire sans corps gras pendant 1 minute, jusqu'à ce qu'une bonne odeur se répande. Les retirer de la poêle et laisser refroidir, puis les broyer dans un mortier ou les passer au mélangeur avec un peu d'eau pour obtenir une pâte. Faire chauffer la moitié du beurre clarifié dans une poêle, ajouter l'oignon et frire jusqu'à ce qu'il soit doré. Ajouter le reste du beurre clarifié, puis ajouter les feuilles de Murraya et les graines de moutarde et faire griller 30 sec. Incorporer la pâte de cumin et cuire de 2 à 3 min. Ajouter les pommes de terre, le curcuma, la noix de coco, les piments et suffisamment d'eau pour couvrir les ingrédients à moitié. Couvrir la poêle et cuire doucement de 8 à 10 min. Servir avec un léger riz bouilli nature, du basmati, de préférence.

UN PETIT TRUC : Pour clarifier le beurre, le faire chauffer doucement dans une petite poêle jusqu'à ce qu'il commence à bouillir, puis le faire bouillir 2 min (ou le faire chauffer au micro-ondes 1 min). Verser le beurre dans une passoire en forme de cône ou dans un tamis tapissé de mousseline, et jeter la partie blanche. Placer au réfrigérateur.

Ragoût de mouton

4 portions

- 900 g (2 lb) de côtelettes d'agneau
- 3 oignons en tranches minces
- 2 carottes en tranches
- 2 branches de céleri en tranches
- 1 panais en tranches
- 1 c. à café (1 c. à thé) de feuilles de thym frais
- 2 c. à soupe de persil frais, haché
- 750 g (1 lb 10 oz) de pommes de terre pelées et tranchées
- 600 ml (env. 2 ½ tasses) de bouillon d'agneau ou d'une autre viande (ou d'eau)
- Sel et poivre noir fraîchement moulu

• Mettre une couche d'agneau dans une casserole profonde. Mettre ensuite une couche d'oignon, de carottes, de céleri et de panais, puis saler et poivrer légèrement. Parsemer de la moitié du thym et d'une partie du persil, puis couvrir d'une couche de pommes de terre. Couvrir ensuite du reste de la viande, puis du reste des légumes, saler, poivrer et mettre le reste des herbes en conservant un peu de persil pour la garniture. Ajouter enfin une dernière couche de pommes de terre.

• Verser le bouillon et porter à ébullition. Mettre un couvercle ou du papier d'aluminium sur la casserole et faire mijoter de 1 h 30 à 2 h (ou placer au four, à feu doux). Le gras de l'agneau se retrouvera à la surface, il faudra donc enlever un peu de gras pendant la cuisson. Le ragoût est prêt quand la viande et les légumes sont tendres et qu'une partie du liquide a été absorbée par les pommes de terre. Parsemer le plat du reste du persil avant de servir.

INGRÉDIENTS

- 8 côtelettes d'agneau
- 4 rognons d'agneau
- 2 c. à soupe de saindoux (ou d'huile végétale)
- 2 morceaux de boudin noir, coupé en tranches de 0,5 cm (¼ po) d'épaisseur
- 2 oignons finement tranchés
- 1 c. à soupe de feuilles de thym frais
- 675 g (1 ½ lb) de pommes de terre cuites, pelées et finement coupées
- 750 ml (3 tasses) de bouillon de viande chaud
- 25 g (1 oz) de beurre non salé
- Gros sel et poivre noir fraîchement moulu

PRÉPARATION

Ce plat copieux et réconfortant m'a ramené à mon enfance, car on nous en servait souvent. Il provient du Lancashire, région où l'on fabrique l'un des meilleurs boudins de Grande-Bretagne. On appelle parfois ce plat tattie pot. Servez-le avec du chou rouge mariné.

• Préchauffer le four à 190 °C (375 °F). Enlever l'excès de gras des côtelettes, puis enlever la peau et la partie centrale des rognons.

• Faire chauffer le saindoux dans une casserole à fond épais, ajouter les côtelettes et les faire griller de 2 à 3 min, jusqu'à ce qu'elles soient bien saisies et dorées des deux côtés. Les retirer de la casserole et réserver. Ajouter les rognons et le boudin, les saisir des deux côtés, puis les retirer de la casserole.

• Ajouter les oignons et la moitié du thym à la casserole, puis faire griller de 4 à 5 min, jusqu'à ce qu'ils soient dorés. Déposer la viande sur les oignons en commençant par l'agneau, puis mettre les rognons et enfin le boudin. Disposer les tranches de pomme de terre sur le boudin, en les faisant se chevaucher, et en salant et poivrant à mesure. Parsemer des feuilles de thym qui restent.

• Verser le bouillon chaud pour que les pommes de terre soient tout juste couvertes, saler et poivrer une dernière fois, puis parsemer le dessus des pommes de terre de beurre. Couvrir la casserole, mettre au four et cuire de 1 h à 1 h 15. Retirer le couvercle et cuire encore 30 min pour que les pommes de terre soient croustillantes et bien dorées.

Laksa de patates douces

4 portions

*Cette soupe aux nouilles vraiment très nourrissante provient d'Indonésie.
Il existe plusieurs variantes de laksa. Certaines contiennent du poulet, du
poisson ou des crevettes, mais celle-ci est idéale pour les végétariens.
Même si la liste des ingrédients est longue, elle est facile à préparer.*

• Faire chauffer 1 c. à soupe d'huile dans une grande casserole, ajouter le
tofu et le faire griller jusqu'à ce qu'il soit doré et croustillant. Le retirer de
la casserole et réserver.

• Faire chauffer le reste de l'huile dans la casserole, ajouter l'oignon et
l'ail et cuire à feu moyen jusqu'à ce qu'ils soient ramollis. Ajouter les
patates douces et mélanger avec l'oignon et l'ail. Incorporer les noix
hachées, le cumin, la coriandre, la moitié du piment et la pâte de crevette
et cuire 2 min. Ajouter la pâte de cari et cuire 5 min pour en libérer le
parfum. Incorporer le bouillon et porter à ébullition, puis ajouter le lait de
coco, la cassonade et le zeste de lime, réduire à feu doux et cuire 10 min.

• Cuire les nouilles de riz 5 min dans l'eau bouillante, puis les égoutter.
Les placer dans 4 bols à soupe profonds et les garnir de tofu frit. Incorporer
les germes de haricot à la soupe, saler et poivrer, puis verser la soupe
sur les nouilles. Parsemer de ciboules ou d'échalotes, de coriandre, de
menthe et du reste du piment, puis servir.

INGRÉDIENTS

- 3 c. à soupe d'huile d'arachide ou d'huile végétale
- 200 g (7 oz) de tofu coupé en cubes de 1 cm (½ po)
- 1 oignon finement haché
- 2 gousses d'ail écrasées
- 350 g (12 oz) de patates douces, pelées et coupées en cubes de 1 cm (½ po)
- 25 g (1 oz) de noix de macadam hachées
- 1 c. à café (1 c. à thé) de cumin moulu
- 1 c. à café (1 c. à thé) de coriandre moulue
- 2 petits piments rouges, épépinés et finement tranchés
- ½ c. à café (½ c. à thé) de pâte de crevette
- 1 ½ c. à soupe de pâte de cari jaune (ou rouge)
- 300 ml (1 ¼ tasse) de bouillon de légumes (ou de poulet)
- 600 ml (env. 2 ½ tasses) de lait de coco
- 1 c. à soupe de cassonade
- Le zeste de 1 lime finement râpé
- 250 g (9 oz) de nouilles de riz plates
- 200 g (7 oz) de germes de haricot
- Sel et poivre noir fraîchement moulu
- 4 ciboules ou échalotes hachées
- 1 c. à soupe de coriandre hachée
- 1 c. à soupe de menthe hachée

Sauce salmorreta

SAUCE POUR POMMES DE TERRE BOUILLIES

Cette sauce peut être passée au mélangeur pour en faire une purée onctueuse ou seulement mélangée grossièrement.

• Déposer les tomates dans un moule en formant une seule couche et les placer sous le gril du four de 3 à 4 min de chaque côté, jusqu'à ce qu'elles soient légèrement grillées. Les peler délicatement, puis les épépiner.

• Mettre le piment en flocons, l'ail, le persil et l'estragon dans un mortier, puis bien les écraser. Ajouter l'oignon et la pulpe de tomate, puis écraser de nouveau. Verser en filet suffisamment d'huile d'olive, en brassant constamment, pour obtenir une consistance semblable à celle d'un pesto, puis ajouter le vinaigre et le sucre. Saler et poivrer au goût. Verser sur les pommes de terre chaudes pour servir.

- 350 g (12 oz) de tomates italiennes mûres, mais fermes, coupées en deux
- ½ c. à café (½ c. à thé) de piment rouge en flocons
- 2 gousses d'ail écrasées
- 1 c. à soupe de persil frais, haché
- 1 c. à soupe d'estragon frais, haché
- 1 oignon rouge finement haché
- Environ 100 ml (3 ½ oz) d'huile d'olive
- 2 c. à soupe de vinaigre de vin blanc
- Une pincée de sucre
- Sel et poivre noir fraîchement moulu

Vinaigrette amande et paprika

SAUCE POUR POMMES DE TERRE BOUILLIES

• Dans un petit robot culinaire (ou écraser les ingrédients au mortier, si l'on a de l'énergie à revendre), passer l'ail et les amandes pour obtenir une pâte fine. Mettre dans un bol, puis y mélanger la cayenne et le paprika. Incorporer le vinaigre et l'huile, puis les herbes. Saler un peu. Verser sur les pommes de terre chaudes et servir.

- 1 gousse d'ail écrasée
- 40 g (1 ½ oz) d'amandes entières, blanchies
- ¼ c. à café (¼ c. à thé) de cayenne
- ¼ c. à café (¼ c. à thé) de paprika
- 1 c. à soupe de vinaigre de xérès
- 4 c. à soupe d'huile d'olive
- 1 c. à soupe de persil frais, haché
- 1 c. à soupe d'origan frais, haché
- Sel

Fondue au camembert
SAUCE POUR POMMES DE TERRE BOUILLIES

- 1 gousse d'ail pelée
- 200 g (7 oz) de camembert mûr, la croûte enlevée
- 2 c. à soupe de crème à 35 %
- 1 c. à soupe de kirsch
- 2 c. à soupe de ciboulette hachée (facultatif)

- Frotter l'intérieur d'une petite casserole avec la gousse d'ail. Mettre le fromage et la crème dans la casserole et chauffer à feu très doux jusqu'à ce que le fromage soit fondu. Incorporer le kirsch et la ciboulette, si on en utilise, puis verser sur les pommes de terre.

Pomme de terre, babeurre et vinaigrette aux herbes
SAUCE POUR POMMES DE TERRE BOUILLIES

- 1 grosse pomme de terre
- 1 c. à soupe de moutarde de Dijon
- 1 gousse d'ail écrasée
- 1 c. à soupe d'huile d'olive
- 3 c. à soupe de vinaigre de vin blanc
- Babeurre
- 3 c. à soupe d'herbes fraîches mélangées, hachées, comme la ciboulette, le basilic, le persil et l'estragon
- Une pincée de sucre
- Sel et poivre noir fraîchement moulu

- Faire cuire la pomme de terre au four jusqu'à ce qu'elle soit tendre (voir p. 68), puis la couper en deux et, à l'aide d'une cuillère, enlever la chair et la passer au mélangeur avec la moutarde, l'ail, l'huile, le vinaigre et suffisamment de babeurre pour donner une consistance onctueuse, semblable à celle de la crème à 15 %. Verser dans un bol, puis incorporer les herbes, une bonne pincée de sucre ainsi que du sel et du poivre au goût. Verser sur les pommes de terre chaudes et servir.

Soubise oignon vert-moutarde
SAUCE POUR POMMES DE TERRE BOUILLIES

- 15 g (½ oz) de beurre non salé
- 6 oignons verts ou oignons nouveaux finement hachés
- 5 c. à soupe de vin blanc sec
- 150 ml (env. ⅔ tasse) de bouillon de poulet
- 100 ml (3 ½ oz) de crème à 35 %
- 2 c. à soupe de persil haché
- 1 c. à soupe de moutarde à l'ancienne ou de moutarde de Meaux
- Sel et poivre noir fraîchement moulu

- Faire chauffer le beurre dans une petite casserole, ajouter les oignons verts ou les oignons nouveaux et faire suer de 5 à 8 min, jusqu'à ce qu'ils soient ramollis mais non colorés. Ajouter le vin et faire mijoter jusqu'à ce qu'il soit complètement évaporé. Verser le bouillon de poulet et laisser mijoter jusqu'à ce qu'il ait réduit de moitié. Ajouter enfin la crème et laisser mijoter jusqu'à ce qu'elle ait réduit de moitié encore une fois. Passer la sauce au mélangeur et la réduire en purée, puis la verser dans une casserole, chauffer doucement la sauce, puis incorporer le persil et la moutarde. Saler et poivrer au goût, puis verser sur les pommes de terre chaudes et servir.

UN PETIT TRUC : Il faut toujours ajouter la moutarde aux sauces à la dernière minute et ne pas laisser bouillir, sinon les sauces deviendraient amères.

- Une petite poignée de menthe
- 900 g (2 lb) de pommes de terre bien nettoyées
- 75 g (3 oz) de beurre non salé
- Sel et poivre noir fraîchement moulu

Pommes de terre au beurre et à la menthe

SAUCE POUR POMMES DE TERRE BOUILLIES

Cette recette a été créée pour mettre en valeur les pommes de terre royales de Jersey, mais s'il vous est impossible d'en trouver, vous n'avez qu'à utiliser une autre variété de pommes de terre. Au Royaume-Uni, ce type de pommes de terre fait partie des festins de l'été. J'avais l'habitude de participer au Good Food Festival qui se tient tous les ans en avril et en mai sur l'île de Jersey. C'est le moment où l'on récolte les premières pommes de terre royales, et elles constituent tout un plaisir. Les autres membres du jury et moi avons toujours hâte de goûter aux pommes de terre autant que de participer au festival lui-même. Cette variété de pommes de terre pousse seulement à Jersey et, étrangement, les tentatives d'en faire pousser ailleurs n'ont jamais été couronnées de succès. Leur goût légèrement sucré et leur texture crémeuse - c'est comme si elles avaient poussé avec du beurre à l'intérieur - sont incomparables. Elles sont à leur meilleur simplement bouillies ou cuites à la vapeur, puis garnies de beurre et de menthe et aucun livre de recettes portant sur les pommes de terre ne serait complet sans elles.

• Porter une casserole d'eau salée à ébullition. Enlever les tiges de menthe, puis les mettre dans la casserole avec les pommes de terre. Laisser mijoter de 10 à 20 min, jusqu'à ce que les pommes de terre soient tendres.

• Entre-temps, hacher les feuilles de menthe, les mettre dans un bol et les fouetter avec le beurre. Égoutter les pommes de terre dans une passoire, puis les placer dans un bol de service. Saler et poivrer au goût, garnir de beurre à la menthe et servir.

Sauce à la crème sure, au cresson et aux câpres

PRÉPARATION

- Enlever les tiges du cresson, puis hacher les feuilles. Mélanger le cresson, la crème sure, les câpres, le sel et le poivre. Verser sur les pommes de terre chaudes, puis parsemer de zeste de citron râpé.

- 2 bouquets de cresson
- 4 c. à soupe de crème sure
- 1 c. à soupe de petites câpres, rincées et égouttées
- 1 c. à café (1 c. à thé) de zeste de citron finement râpé
- Sel et poivre noir fraîchement moulu

Sauce gribiche au safran

- Fouetter la moutarde, le vinaigre et l'huile, ajouter l'eau safranée, le jus de citron, les oignons verts ou les oignons nouveaux, les câpres, les œufs et le persil, puis bien mélanger. Saler et poivrer au goût, puis verser sur les pommes de terre chaudes.

- 1 c. à café (1 c. à thé) de moutarde de Dijon
- 1 c. à soupe de vinaigre de vin blanc
- 100 ml (3 ½ oz) d'huile d'olive
- Une pincée de brins de safran dans 2 c. à soupe d'eau bouillie
- 1 c. à soupe de jus de citron
- 2 oignons verts ou oignons nouveaux finement hachés
- 2 c. à soupe de petites câpres, rincées et égouttées
- 2 œufs cuits dur, grossièrement hachés
- 1 c. à soupe de persil frais, haché
- Sel et poivre noir fraîchement moulu

Ocopa

Cette sauce péruvienne est l'une des spécialités de Lima, et son nom remonte aux Incas. On la sert généralement en hors-d'œuvre.

- Faire chauffer une poêle à frire sans corps gras, ajouter le quinoa et le faire griller de 1 à 2 min, jusqu'à ce qu'il soit légèrement doré. Verser juste assez d'eau pour couvrir, porter à ébullition, puis réduire le feu et laisser mijoter de 10 à 15 min, jusqu'à ce que le quinoa soit tendre et qu'il ait absorbé toute l'eau.

- Entre-temps, faire chauffer la moitié de l'huile dans une autre poêle à frire, ajouter l'oignon et cuire de 8 à 10 min, jusqu'à ce qu'il soit ramolli. Incorporer la moitié du piment, l'ail, le cumin, la sauce soya, du sel et du poivre. Cuire quelques minutes, puis retirer du feu et laisser refroidir.

- Passer au mélangeur le mélange d'oignon, le reste du piment, l'huile, le fromage, le persil, le quinoa et le lait jusqu'à l'obtention d'une pâte. Verser cette sauce sur des pommes de terre nouvelles chaudes et garnir des olives et des tranches d'œuf dur.

- 125 g (4 ½ oz) de quinoa
- 4 c. à soupe d'huile d'olive
- 1 oignon finement haché
- 1 piment jalapeño haché
- 2 gousses d'ail écrasées
- 1 c. à café (1 c. à thé) de cumin moulu
- 2 c. à soupe de sauce soya légère
- 75 g (3 oz) de fromage à pâte dure comme le cheddar, haché
- 2 c. à soupe de persil frais, haché
- 200 ml (7 oz) de lait à 3,25 %
- Olives vertes et tranches d'œuf dur pour garnir
- Sel et poivre noir fraîchement moulu

QUELQUES BONNES IDÉES POUR SE SUCRER LE BEC

Les pommes de terre se prêtent à de nombreuses utilisations. Vous pouvez même les mettre dans les puddings. Elles ajoutent de la légèreté et du moelleux à tous les plats sucrés et peuvent remplacer une partie de la farine dans les puddings, dans les pâtisseries et dans certains gâteaux. Les pommes de terre douces et leur saveur de miel, presque caramélisée, sont un choix naturel lorsqu'il est question de dessert. Mais ne les remplacez pas par des ignames, car leur saveur et leur texture ne sont pas du tout les mêmes.

Ce chapitre comporte seulement quelques suggestions de puddings aux pommes de terre, mais donne une bonne idée de leur polyvalence. La Tarte à la marmelade à l'orange contient un peu de purée de pommes de terre dans la pâte, ce qui lui donne une texture légère et tendre. Les pommes de terre permettent aux Crêpes farcies aux amandes... d'être minces et délicates. Et les pommes de terre râpées sont le secret du Pudding vapeur au citron et à l'abricot. D'autres recettes comme le Pudding au pain à la cubaine contiennent du pain de pommes de terre. Vous pouvez utiliser du pain ordinaire, mais le pain de pommes de terre a une saveur unique et une texture qui ajoutent une qualité indéfinissable à ces plats – c'est toujours celui que je choisis d'abord.

Tarte à la marmelade à l'orange

4 portions

Ce dessert à la texture riche et fondante m'a ramené au temps où j'étais écolier.

• Pour la pâte, tamiser la farine et le sel dans un bol, puis y mélanger la purée de pommes de terre. Incorporer le beurre avec les doigts jusqu'à ce que le mélange ressemble à de la chapelure, puis en former une pâte, en ajoutant un peu d'eau froide pour lier, si nécessaire. Envelopper de pellicule plastique et placer au réfrigérateur pendant 1 h.

• Préchauffer le four à 200 °C (400 °F). Abaisser la pâte et utiliser une assiette à tarte de 20 à 23 cm (8 à 9 po) légèrement graissée, puis couper soigneusement les bords. Mettre la marmelade dans une casserole avec le beurre et chauffer doucement jusqu'à ce que le beurre soit fondu, puis incorporer la vanille ainsi que le zeste et le jus de citron. Battre légèrement les œufs dans un bol, y verser la marmelade chaude et bien mélanger. Verser le mélange dans l'assiette à tarte et cuire de 20 à 25 min. Laisser refroidir avant de servir. La garniture deviendra plus ferme à mesure qu'elle refroidit.

• 100 g (4 oz) de farine à levure
• Une pincée de sel
• 50 g (2 oz) de purée de pommes de terre (sans beurre, ni lait ni crème)
• 75 g (3 oz) de beurre non salé coupé en petits morceaux

GARNITURE

• 300 ml (1 ¼ tasse) de marmelade à l'orange
• 50 g (2 oz) de beurre non salé
• ½ c. à café (½ c. à thé) d'extrait de vanille
• Le jus de 1 citron et le zeste finement râpé
• 2 œufs

Clafoutis aux patates douces et aux pommes

- 300 g (11 oz) de patates douces
- 25 g (1 oz) de beurre non salé
- 50 g (2 oz) de sucre en poudre
- 300 g (11 oz) de pommes granny smith, pelées, évidées et coupées en morceaux épais
- 4 c. à soupe de calvados
- Sucre à glacer pour saupoudrer

PÂTE
- 4 œufs légèrement battus
- 50 g (2 oz) de sucre en poudre
- 25 g (1 oz) de farine tout usage
- Une pincée de sel
- 120 ml (½ tasse) de lait à 3,25 %
- 150 ml (env. ⅔ tasse) de crème à fouetter
- 2 gouttes d'extrait de vanille
- 4 c. à soupe de calvados

Voici un plat simple, nourrissant et inhabituel, c'est le dessert idéal pour les froides soirées d'hiver. J'aime bien le servir avec une cuillerée de crème glacée à la vanille.

• Mettre les patates douces dans une casserole, couvrir d'eau froide et porter à ébullition. Réduire à feu doux et laisser mijoter jusqu'à ce qu'elles soient tout juste tendres, puis égoutter. Quand les patates douces sont assez froides pour être manipulées, les peler et les couper en cubes de 1 cm (½ po).

• Préchauffer le four à 190 °C (375 °F). Faire fondre le beurre dans une grande poêle à frire, incorporer le sucre et cuire à feu moyen jusqu'à ce que ce soit légèrement caramélisé. Ajouter les morceaux de pomme et les patates douces et cuire jusqu'à ce que le tout soit caramélisé et doré. Verser le calvados, chauffer quelques secondes, puis faire flamber en mettant le feu à la sauce avec une longue allumette et en se tenant loin. Quand les flammes se sont éteintes, mettre les pommes et les patates douces, à l'aide d'une écumoire, dans un plat allant au four légèrement graissé d'environ 23 x 15 cm (9 x 6 po).

• Pour faire la pâte, mettre les œufs et le sucre dans un bol et fouetter jusqu'à ce que ce soit crémeux. Tamiser la farine avec une pincée de sel, ajouter au mélange précédent et fouetter jusqu'à ce que ce soit homogène. Verser le lait, la crème et la vanille dans une casserole et porter à ébullition, puis verser sur le mélange contenant les œufs en brassant jusqu'à ce que la pâte soit homogène. Incorporer le calvados, puis verser la pâte sur les pommes et sur les patates douces. Cuire au four de 20 à 25 min, jusqu'à ce que le clafoutis soit cuit. Retirer du four et laisser refroidir légèrement. Saupoudrer de sucre à glacer et servir.

Pudding au pain à la cubaine
aux bananes et au caramel au rhum

4 portions

Voici un pudding d'inspiration cubaine, mais cette version est plus légère que l'originale. Aromatisé de lait de coco et d'épices douces, il est garni de bananes et d'un caramel au rhum. Si, comme moi, vous ne vous préoccupez pas de votre poids, servez-le avec beaucoup de crème.

• Préchauffer le four à 160 °C (325 °F). Graisser légèrement 4 ramequins de 175 ml (6 oz). Répartir les cubes de pain entre les ramequins, puis ajouter les raisins.

• Verser la crème et le lait de coco dans une casserole, puis ajouter les épices et l'essence d'amande. Fendre la gousse de vanille pour l'ouvrir, en gratter les graines et les mettre dans la casserole, puis mettre à feu doux et porter à ébullition. Entre-temps, mettre les œufs et le sucre dans un bol et fouetter jusqu'à ce que le mélange soit pâle. Filtrer le mélange de crème, puis le verser graduellement dans le mélange œufs-sucre, en brassant sans arrêt. Verser dans les ramequins et laisser reposer 30 min. Déposer délicatement les ramequins dans un plat allant au four, puis verser assez d'eau bouillante dans le plat pour que l'eau arrive à mi-hauteur des ramequins. Cuire au four de 20 à 25 min ou jusqu'à ce que le pudding soit cuit, puis retirer du four et laisser refroidir un peu.

• Pour faire le caramel au rhum, étendre le sucre au fond d'une casserole épaisse et cuire à feu moyen jusqu'à ce qu'il soit fondu, en brassant de temps en temps pour qu'il fonde également. Augmenter la température du feu et cuire jusqu'à l'obtention d'un caramel d'un bel ambre foncé. Laisser refroidir légèrement, puis incorporer le rhum.

• Retourner les ramequins pour démouler les puddings, puis les déposer sur des assiettes de service. Peler les bananes et les couper en tranches de 0,5 cm (¼ po) d'épaisseur. Disposer les tranches de banane sur le dessus, puis verser le caramel au rhum.

INGRÉDIENTS

• 5 tranches de Pain de pommes de terre (voir p. 132), coupé en cubes de 1 cm (½ po)
• 15 g (½ oz) de raisins de Smyrne, trempés dans l'eau très chaude 30 min, puis égouttés
• 150 ml (env. ⅔ tasse) de crème à 35 %
• 350 ml (12 oz) de lait de coco non sucré
• Une petite pincée de brins de safran
• ¼ c. à café (¼ c. à thé) de cannelle moulue
• Une pincée de muscade fraîchement moulue
• ¼ c. à café (¼ c. à thé) d'essence d'amande
• ½ gousse de vanille
• 3 gros œufs
• 125 g (4 ½ oz) de sucre en poudre
• 2 petites bananes mûres

CARAMEL AU RHUM

• 100 g (4 oz) de sucre en poudre
• 4 c. à soupe de rhum brun

Tarte au café et à la patate douce

4 portions

Cette tarte à la saveur de café est riche et crémeuse. Elle est délicieuse accompagnée de sauce au chocolat.

• Faire d'abord la pâte. Tamiser la farine sur un plan de travail et faire un puits au centre. Mettre le beurre, le sel, le sucre et le zeste de citron dans le puits, puis ajouter l'œuf. Avec le bout des doigts, ramener peu à peu la farine au centre, en mélangeant le beurre jusqu'à ce que tous les ingrédients forment une pâte tendre. La pétrir légèrement pendant 1 min, jusqu'à ce qu'elle soit lisse, puis la façonner en boule, couvrir de pellicule plastique et réfrigérer pendant 2 h.

• Préchauffer le four à 180 °C (350 °F). Abaisser la pâte et en tapisser une assiette à tarte profonde de 20 cm (8 po) (voir Un petit truc). Pour empêcher la pâte de gonfler pendant la cuisson, précuire le fond de tarte sans la garniture. Pour ce faire, tapisser la pâte de papier sulfurisé, y mettre des haricots à cuire, secs, et cuire au four de 8 à 10 min, jusqu'à ce que la pâte soit presque sèche. Retirer le papier et les haricots, puis les jeter. Remettre le fond de tarte au four 5 min, puis laisser refroidir. Laisser le four fonctionner.

• Pour faire la garniture, mettre les patates douces dans une casserole, couvrir d'eau froide et porter à ébullition. Réduire à feu doux et laisser mijoter jusqu'à ce qu'elles soient tendres, les égoutter et les laisser reposer jusqu'à ce qu'elles soient assez froides pour être manipulées. Peler les patates douces et les passer au mélangeur ou dans un tamis jusqu'à l'obtention d'une purée. Réserver.

• Mettre la crème, le lait, le zeste et le jus d'orange et la moitié du sucre dans une casserole, puis porter à ébullition. Incorporer le café, retirer du feu et laisser refroidir un peu. Battre les œufs et les jaunes d'œufs avec le reste du sucre, puis battre lentement la crème de café chaude. Incorporer la purée de patates douces, bien mélanger et verser dans l'assiette à tarte. Déposer dans un plat allant au four et cuire 40 min ou jusqu'à ce que la garniture soit cuite. Laisser refroidir légèrement, puis retirer de l'assiette à tarte. Servir chaud ou froid.

UN PETIT TRUC : Vous n'utiliserez qu'environ la moitié de la pâte pour faire cette recette, mais le reste, bien emballé, se conserve au congélateur.

INGRÉDIENTS

• 250 g (9 oz) de patates douces
• 300 ml (1 ¼ tasse) de crème à 35 %
• 150 ml (env. ⅔ tasse) de lait à 3,25 %
• Le jus et le zeste finement râpé de 1 orange
• 50 g (2 oz) de sucre en poudre
• 100 ml (3 ½ oz) de café express fort
• 2 œufs
• 4 jaunes d'œufs

PÂTE

• 350 g (12 oz) de farine tout usage
• 225 g (8 oz) de beurre non salé (à température de la pièce) coupé en petits morceaux
• Une pincée de sel
• 100 g (4 oz) de sucre à glacer, tamisé
• Le zeste de ½ citron finement râpé
• 1 œuf légèrement battu

Pain doré aux pommes et à la confiture de pêches

- 1 gousse de vanille
- 250 ml (1 tasse) de lait à 3,25 %
- 1 c. à café (1 c. à thé) de cannelle moulue
- 2 œufs
- Le zeste finement râpé de 1 orange
- 100 g (4 oz) de sucre en poudre
- 4 tranches de Pain de pommes de terre (voir p. 132) coupé à 2,5 cm (1 po) d'épaisseur
- 40 g (1 ½ oz) de beurre non salé
- 1 c. à soupe de cassonade
- 2 pommes granny smith, pelées, évidées et coupées en deux, à l'horizontale
- 100 ml (3 ½ oz) de vin blanc sec
- 4 c. à soupe de confiture de pêches
- Sucre à glacer pour saupoudrer

PRÉPARATION

Ce dessert est un vrai délice quand on l'accompagne de crème à fouetter ou d'une bonne cuillerée de crème glacée à la vanille.

• Fendre la gousse de vanille pour l'ouvrir, en gratter les graines et les mettre dans la casserole avec le lait et la cannelle, puis porter à ébullition. Verser ensuite dans un plat peu profond et laisser refroidir. Ajouter les œufs, le zeste d'orange et le sucre en poudre, puis fouetter jusqu'à ce que le mélange soit onctueux. Mettre les tranches de pain dans le mélange d'œufs, les laisser tremper 1 min, puis les retirer du mélange et les égoutter.

• Faire chauffer 25 g (1 oz) de beurre dans une grande poêle à frire, ajouter les tranches de pain et les faire griller environ 2 min de chaque côté jusqu'à ce qu'elles soient dorées. Les retirer de la poêle et les garder au chaud. Ajouter la cassonade et le reste du beurre à la poêle et cuire environ 2 min en brassant pour obtenir un caramel clair. Ajouter les pommes et cuire de 2 à 3 min de chaque côté jusqu'à ce qu'elles soient dorées et tendres. Verser le vin, laisser bouillonner 30 sec, puis retirer la poêle du feu.

• Déposer les tranches de pain sur 4 assiettes de service, garnir chacune d'une cuillerée de confiture de pêches et couronner le tout des pommes au caramel. Saupoudrer de sucre à glacer et servir aussitôt.

Abricots farcis en grande friture

4 portions

Voici une façon originale de servir l'un des fruits les plus délicats et l'un de mes préférés. C'est aussi une bonne façon d'utiliser les restes de pain de pommes de terre, si jamais il vous en reste!

• Blanchir les abricots à l'eau bouillante pendant 1 min, bien les égoutter, puis les peler. Couper délicatement le dessus de chaque abricot, puis retirer le noyau sans endommager la chair. Dans un bol, mélanger tous les ingrédients de la garniture et en farcir les abricots, en remettant la partie supérieure sur chaque fruit.

• Incorporer le zeste d'orange au yogourt, puis placer au réfrigérateur jusqu'au moment de servir.

• Mélanger la chapelure et les amandes moulues. Tremper les abricots farcis dans les œufs battus, puis rouler les abricots dans le mélange de chapelure.

• Faire chauffer de l'huile végétale pour grande friture à 180 °C (350 °F), puis frire les abricots environ 2 min, jusqu'à ce qu'ils soient dorés – comme ils remontent à la surface, il faut les pousser vers le bas pour leur permettre de se colorer de façon uniforme. Les égoutter sur du papier essuie-tout et servir immédiatement avec du yogourt parfumé à l'orange.

- 12 abricots mûrs
- 1 c. à café (1 c. à thé) de zeste d'orange finement râpé
- 100 ml (3 ½ oz) de yogourt à la grecque
- 125 g (4 ½ oz) de chapelure fraîche, faite de Pain de pommes de terre (voir p. 132)
- 50 g (2 oz) d'amandes moulues
- 2 œufs battus
- Huile végétale pour grande friture

GARNITURE
- 12 dattes fraîches, dénoyautées et grossièrement hachées
- 4 c. à soupe d'amandes moulues
- Le jus de ¼ de citron
- Le zeste de 1 orange finement râpé
- ½ c. à café (½ c. à thé) de cannelle moulue
- 1 c. à soupe d'eau de fleur d'oranger (facultatif)
- 2 c. à soupe de rhum brun

- 50 g (2 oz) de farine à levure
- 50 g (2 oz) de beurre non salé, fondu
- 25 g (1 oz) de sucre en poudre
- 1 c. à soupe de mélasse claire ou de sirop de maïs
- 100 g (4 oz) de chapelure fraîche
- 100 g (4 oz) de pommes de terre crues, râpées
- 2 c. à café (2 c. à thé) de zeste de citron finement râpé
- 100 ml (3 ½ oz) de lait à 3,25 %
- 75 g (3 oz) d'abricots séchés, hachés
- 175 ml (6 oz) de confiture d'abricots

Pudding vapeur au citron et à l'abricot

4 portions

Ce succulent pudding d'hiver aux abricots séchés, couronné de confiture d'abricots, saura vous réchauffer. Comme les pommes de terre râpées conservent leur humidité, ce dessert est étonnamment pauvre en gras - à moins de le servir avec de la crème à fouetter ou de la crème anglaise, comme je le fais!

• Tamiser la farine dans un bol, ajouter le beurre fondu, puis incorporer tous les ingrédients qui restent, sauf la confiture d'abricots. Verser ce mélange dans un plat à pudding graissé de 900 ml (3 ⅔ tasses), couvrir de papier sulfurisé ou de papier d'aluminium, puis attacher avec de la ficelle de cuisine. Déposer le plat dans une marmite à vapeur ou dans un grand plat contenant de l'eau bouillante jusqu'à mi-hauteur des côtés du plat. Couvrir et cuire à la vapeur de 1 h 15 à 1 h 30 en ajoutant de l'eau bouillante durant la cuisson, si nécessaire.

• Retirer de la marmite et laisser refroidir quelques minutes, puis enlever le papier sulfurisé ou le papier d'aluminium et passer un couteau autour du pudding pour le détacher des bords du plat. Retourner le pudding sur une assiette. Chauffer la confiture avec 100 ml (3 ½ oz) d'eau pour obtenir une sauce, puis la filtrer dans un tamis. Verser la sauce sur le pudding et servir immédiatement.

Crêpes farcies aux amandes garnies de sabayon à l'eau-de-vie de pêche

4 portions

- 2 jaunes d'œufs
- 1 c. à soupe de sucre à glacer, plus quantité supplémentaire pour saupoudrer
- 75 g (3 oz) d'amandes moulues
- ¼ c. à café (¼ c. à thé) de cannelle moulue
- 2 blancs d'œufs
- 2 c. à soupe de sucre en poudre
- 15 g (½ oz) de beurre non salé
- 2 nectarines mûres mais fermes, dénoyautées et finement tranchées

PÂTE À CRÊPES
- 250 g (9 oz) de pommes de terre, pelées et coupées en morceaux
- Une pincée de sel
- 4 œufs
- 125 g (4 ½ oz) de farine tout usage
- 1 c. à soupe de sucre en poudre
- Environ 250 ml (1 tasse) de lait à 3,25 %
- 25 g (1 oz) de beurre clarifié (voir Un petit truc, p. 151)

SABAYON
- 3 jaunes d'œufs
- 75 g (3 oz) de sucre en poudre
- 100 ml (3 ½ oz) de vin blanc mousseux ou de champagne
- 4 c. à soupe d'eau-de-vie de pêche
- 100 ml (3 ½ oz) de crème à 35 % à demi-fouettée

En Grande-Bretagne, les crêpes sont généralement servies au Mardi gras et on les voit peu sur les menus. Voici l'une de mes façons préférées de les apprêter.

- Faire d'abord les crêpes. Mettre les pommes de terre dans une casserole, couvrir d'eau froide, ajouter une pincée de sel et porter à ébullition. Réduire à feu doux et laisser mijoter jusqu'à ce qu'elles soient tendres, puis les égoutter et les mettre en purée. Laisser refroidir. Y incorporer les œufs, y tamiser la farine, ajouter le sucre en poudre et bien mélanger. Ajouter graduellement assez de lait pour obtenir une pâte lisse et liquide.

- Chauffer du beurre clarifié dans une poêle à frire antiadhésive de 23 cm (9 po), ajouter un peu de pâte et faire tourner la poêle pour couvrir légèrement le fond de pâte. Cuire jusqu'à ce que la crêpe soit dorée en dessous, puis la retourner et la cuire de l'autre côté. Faire 8 crêpes au total, en ajoutant du beurre à la poêle, au besoin.

- Pour faire la garniture, fouetter les jaunes d'œufs et le sucre à glacer jusqu'à ce que le mélange soit crémeux, puis incorporer les amandes moulues et la cannelle. Dans un autre bol, fouetter les blancs d'œufs en neige ferme, puis ajouter peu à peu le sucre en poudre, en continuant à fouetter. Incorporer délicatement les blancs d'œufs au mélange contenant les amandes. Répartir la garniture entre les crêpes, puis les rouler doucement. Dans un grand plat beurré allant au four, placer les crêpes deux par deux en laissant un bon espace entre chaque paire.

- Préchauffer le four à 180 °C (350 °F). Pour faire le sabayon, mettre les jaunes d'œufs, le sucre, le vin ou le champagne et l'eau-de-vie de pêche dans un grand bol, puis placer ce bol au-dessus d'une casserole d'eau à peine frémissante, en s'assurant que l'eau ne touche pas le fond du bol. Fouetter avec un batteur à main jusqu'à ce que le mélange soit clair et léger et que son volume soit quatre fois plus grand qu'au départ. Incorporer la crème fouettée.

- Verser le sabayon sur les crêpes, puis les placer au four 5 min pour les glacer. Entre-temps, faire chauffer 15 g (½ oz) de beurre dans une grande poêle à frire, ajouter le sucre en poudre et cuire jusqu'à l'obtention d'un caramel clair. Ajouter les tranches de nectarine et cuire jusqu'à ce qu'elles soient caramélisées. Disposer les crêpes sur 4 assiettes de service, garnir des nectarines et saupoudrer de sucre en poudre.

Index

Achevé d'imprimer au Canada
en février 2003
sur les presses de l'imprimerie Interglobe Inc.